阅读成就思想……

Read to Achieve

心理成长系列

不紧绷的人生

写给职场高压人士的自救书

考拉看看 著

中国人民大学出版社
· 北京 ·

图书在版编目（CIP）数据

不紧绷的人生：写给职场高压人士的自救书 / 考拉看看著. -- 北京：中国人民大学出版社，2023.10
ISBN 978-7-300-32233-9

Ⅰ．①不… Ⅱ．①考… Ⅲ．①压抑(心理学)－通俗读物 Ⅳ．①B842.6-49

中国国家版本馆CIP数据核字(2023)第184122号

不紧绷的人生：写给职场高压人士的自救书
考拉看看　著
BU JINBENG DE RENSHENG：XIEGEI ZHICHANG GAOYA RENSHI DE ZIJIUSHU

出版发行	中国人民大学出版社		
社　　址	北京中关村大街31号	邮政编码	100080
电　　话	010-62511242（总编室）	010-62511770（质管部）	
	010-82501766（邮购部）	010-62514148（门市部）	
	010-62515195（发行公司）	010-62515275（盗版举报）	
网　　址	http://www.crup.com.cn		
经　　销	新华书店		
印　　刷	天津中印联印务有限公司		
开　　本	890 mm×1240 mm　1/32	版　次	2023年10月第1版
印　　张	6.5　插页1	印　次	2023年10月第1次印刷
字　　数	110 000	定　价	65.00元

版权所有　　　侵权必究　　　印装差错　　　负责调换

前 言

我们身处一个高速发展的现代社会,互联网和全球化联结起每一个人,与之相关的生产工作开始占据大量时间。纵观全球,加班文化已成常态,并且覆盖各个行业。我们的私人生活被不断剥削,时间背弃生活,自由远离生产。

一部分人决定从时间的缝隙中寻找契机,热衷于时间管理,往每天日程里最大限度地生挤硬塞,最终却发现自己在日程表中竭力规划做的各项事情效果都大打折扣,自己也被弄得精疲力竭。

在构思本书时,我能清晰地感知到,自己在盲目追求单位时间内做更多事,而不是重视时间使用的质量。这与高效的工作方式背道而驰,精力最终成为解决问题的唯一答案。学习、生活、工作都需要精力,只有做好精力管理,才能真正拥有较高的工作效率。

美国作家吉姆·洛尔(Jim Loehr)和托尼·施瓦茨(Tony

Schwavtz）合著的《精力管理：管理精力而非时间》(*The Power of Full Engagement: Managing Energy, Not Time, Is the Key to High Performance and Personal Renewal*）一书构建了四个管理维度，包括体能、情感、思维、意志。这四个维度是实现高效工作、缓解过劳现象的关键。在职场中，人的精力指的是人做事情的能力，过劳则表示人的精力衰微，过劳自救实则是通过管理自己的精力，让自己精力充沛，更高效地完成工作，享受生活。如果将过劳问题的解决方法建立在精力管理的维度上，就可以根本性地改变过劳者的生活方式，提高他们的生活质量。

体能是精力管理的第一个维度。体能精力在现代职业环境中具备更为宽泛的含义，它不仅特指体力劳动者，还包括处于办公室中的脑力劳动者。体能是每个人的身体都具备的能力，这使得人能够承受工作及日常生活中的冲击与负荷。

情感是精力管理的第二个维度，分为积极情感和消极情感。积极情感表现为充满热情、自信乐观；消极情感则表现为情绪低落、忧郁悲观。当人面对高压力、高疲劳时，更容易表现出消极情绪。精力管理便要将人从消极情绪中解脱出来，调整到积极情绪上。

思维是精力管理的第三个维度。它泛指所有的认知和智力活动。它建立在感知的基础上，又超越了感知的极限。借助已有的知识经验，人们对输入信息进行交互和理解。思维可以分为形象思维、逻辑思维、认知思维、灵感思维等几大思维。

意志是精力管理的第四个维度，是指人在精神层面的力量，也是人体的内在动力来源。在某种意义上，意志决定了人的行为目的。激情、坚守、自律，都是意志的重要来源。意志管理需要我们从内心世界获得自我提升。

基于以上四个维度，本书分成四个部分，分别从体能、情感、思维、意志这四个方面的精力管理出发，通过分析不同的案例，提出了切实可行的方法，最后达到过劳自救的目的。在普遍过劳的现代社会背景下，读者可以将其视为一本精力管理工具书或一本过劳自救指南书。

目 录

第 1 章

体能：塑造健康的基础 ///001

让体力充沛 ///003

远离倦意 ///004

身体防火墙 ///008

祝你晚安 ///012

睡眠需要节奏 ///014

睡足八小时 ///017

抓住机会休息 ///019

停下来充电 ///022

一觉到天亮 ///026

　　黄金睡眠 ///027

　　从起床开始 ///030

有一副好身体 ///032

　　不为头发烦恼 ///032

　　搞定小状况 ///036

　　自律是生活的第一步 ///040

　　学会调理内循环 ///045

　　每年一次体检 ///048

　　气质拯救计划 ///055

吃很重要 ///060

　　有规划的饮食 ///060

　　品类多样不挑食 ///064

　　果蔬豆奶必选项 ///067

　　限制动物性食物 ///071

　　油、盐、糖、酒少摄入 ///075

第 2 章

情感：不做工作机器人 ///083

修炼好心态 ///085

给自己放个假 ///085

消除待办清单 ///089

找到新的乐趣 ///094

没有人是一座孤岛 ///098

不把坏情绪留给家人 ///099

将朋友圈转起来 ///102

快乐职场的基本功 ///105

第 3 章

思维：做自己的主人 ///111

直觉感官训练 ///114
观察或洞察 ///114

记忆管理法则 ///117

掌控理性思维 ///121
金字塔原理的应用 ///123

学会客观思考 ///125

认知整理术 ///130
理解力强化 ///131

想专注并不难 ///138

如何培育灵感 ///144
好点子训练法 ///144

用奔驰法打开脑洞 ///148

第 4 章

意志：达到理想状态 ///155

掌握主动权 ///157

- 非盲目接受 ///157
- 抑制失控的自我 ///161

生命力源于执行力 ///165

- 怎样才能让自己变得果断 ///168
- 培养坚韧的意志 ///171

找到意志平衡点 ///174

- 提高自我承受力 ///174
- 工作生活节奏法 ///178

动力源泉即内在 ///182

- 有兴趣就马上开始 ///182
- 正念：自我肯定 ///187

后 记 ///193

第 1 章

体能：塑造健康的基础

锻炼

睡眠

饮食

体检

让体力充沛

当代青年自嘲为"打工人",称工作为"搬砖"。从早上按停闹钟的那一刻起,精疲力竭的一天就开始了。急匆匆地洗漱,有时甚至来不及吃早餐。公交和地铁上人群拥挤,每个人都面无表情。私家车被堵在路上,司机焦急地看着时间。慌慌张张地来到公司,每天都扎根工位不动摇,直到下班时间才拖着沉重的步伐回家。有的人甚至要"肝"到深夜。

一天下来,尽管没有做什么重体力劳动却身心俱疲,这是脑力工作者的累。而体力工作者的劳累则更为直接。建筑工人、消防员、运动员等行业的从业人员都是体力消耗大户,累到席地而睡也不稀奇。

我们为什么会那么累?

长时间地工作,劳动强度过大,造成了高强度的精力消耗。这只是表面的原因。问题的根源在于,我们一直在消耗身体里的能量,却没有及时进行补充,或者补充的能量不足以弥补消耗。

这就像一个水池，一边进水，一边放水，就能保证水池的水量不减，水质一直保持清澈。而如果一直放水却不进水，或者放水量比进水量多，水池就会逐渐干涸。

当人的精力在短时间内得不到恢复，人就会感到筋疲力尽，体力不支，渴望休息。而长时间得不到恢复就会造成身体的崩溃。

远离倦意

我们都希望自己每天精力充沛，活力满满，但总是事与愿违。这一点，无论事业多么成功的人都难以避免。2011 年 1 月，英国上议院一场议会审议持续了 21 小时，会上有的议员不停地揉眼睛以抵抗困意，试图让自己清醒，有的议员则直接睡着了。他们的精力被消耗殆尽，疲惫不堪。尽管理智告诉他们，这是一个严肃的场合，应该保持清醒，打起精神。但强烈的困意已经让他们的大脑陷入混沌，无暇顾及其他。

这种情况并非个案。在工作时间过长或工作强度过大的情况下，人容易产生疲惫感，影响工作效率，导致工作失误的概率增加。深圳市龙岗区总工会 2016 年发布了一份调查分析报告，通过调查因工受伤住院职工的情况后得出结论，因体力透支导致工伤事故的主要原因是工作时间长、休息时间短。这些因工受伤的员工，受伤的时间多集中在长时间加班或午餐之后，且在受伤前都有精神不集中的表现。这是体力透支的一种典型症状。

我们需要关注过劳时身体会出现的症状，以便及时应对，避免意外事故的发生。当身体能量消耗过度，最先出现的症状是全身肌肉酸软、疲乏无力、面无表情。随后会出现心慌心悸、胸闷气短、呼吸困难等症状。这是循环系统和呼吸系统出现了问题。

这些初期表现一般在工作时间过长的人群（如白领、医护人员、互联网工作人员）中比较普遍。如某些行业的员工，为了一个紧急任务连熬两个通宵，导致熬夜带来的疲惫一直缓不过来。医生也是工作时长普遍超标的职业，通常每周至少有一个夜班。而曾有一名工程师连续 22 个月没有休假回家，即使是节假日也要值班，通宵工作更是家常便饭。

当出现身体消耗的初期症状时，恢复体能的最佳方式是睡眠。在无法保证睡眠时间的情况下，可以进行有规律的间歇式休息以恢复体力。做法是避免久坐，每隔 90 分钟站起来，离开工位活动活动身体，如做一些简单的拉伸运动。

这是因为人体的精力约 90 分钟会经历一次周期性的涨退，即每隔约 90 分钟，人的精力会开始下降，渴望恢复。这时，人会出现打哈欠、伸懒腰，想要吃东西，注意力涣散，工作效率下降等状况。在这时休息，能够让你快速地恢复精力，远离倦意。

而久坐会增加患病的概率及猝死的风险。

如果没有及时休息，致使疲倦程度加深，接下来出现问题的就会是大脑和包括消化器官在内的其他脏器。过劳会使得大脑和其他脏器供血不足，头晕头痛、嗜睡、意识恍惚、恶心呕吐、腹痛腹泻甚至昏迷等症状。

当出现这些症状时，最佳的应对方式是在情况继续恶化之前及时停止工作，立刻休息，补充能量，以弥补自己缺失的体力。补充体力的办法有很多，但速度最快的是对症补充一些含糖量高和热量高的食物，如葡萄糖水、巧克力、奶片、香蕉等，以及一些高蛋白、高维生素的食物，如鱼肉、鸡肉等。这是因为人体主要靠糖原（人体内淀粉）供能，含糖量高和热量高的食物进入人体后会快速转化为糖，以补充流失的体力。高蛋白的食物有助于修复肌肉组织，高纤维的食物富含维生素，能够起到抗疲劳的作用。此外，针对劳动强度过大造成的体力透支，还可以饮用淡盐水，以补充水分及矿物质（盐分）。

若休息过后仍感不适，就要及时就医。

肯尼亚运动员迪巴巴就曾因为身体能量消耗过度而出现消化器官不适的症状。在 2007 年世界田径锦标赛上，众多运动员因伤退赛。迪巴巴在获得女子 10 000 米的冠军后，也因严重的胃痉挛而不得不放弃了 5000 米的比赛，停下来休息。此前她连年征战，几乎没有假期。并且此次比赛前，她就已被胃病困扰了一个赛季，却因为赛事繁忙而没有去做检查。她将所有的精力都放到了比赛以及为比赛做准备中，没有及时补充体力，也没有关注自己的身体，导致自己体力透支。这也使后来她错失了成为双料冠军的机会。

运动员常年活跃在赛场和训练场上，进行高强度的训练和高压力的对抗，身体看似强壮，实则常常处于体力透支状态，非常危险。他们的运动量大，心脏的负担也大，在运动过程中猝死的案例并不少见。

和运动员一样，很多人看似身强体壮，实则处在身体能量过度消耗又没有及时补充的边缘。2019 年 11 月，艺人高以翔在录制综艺节目时晕倒。这是一档都市夜景追跑竞技秀节目，包括高以翔在内的节目嘉宾需要在夜间进行追逐战，参加 70 米爬楼、高空速降等高强度运动。这样的体力消耗，即使是身体素质极佳的拳王邹市明都曾在参加节目时不慎摔倒。高以翔晕倒便是因为体力透支，心脏负担过大。晕倒后，他的心跳曾停跳长达 3 分钟。

建筑工人也是体力透支的重灾区。2020 年，38 岁的建筑工人刘某在一日加班到零点后不久猝死。工友对此难以置信，因为刘某身体一直很好，他很可能是由于过度劳累而死。刘某的劳动强度确实过大，他到工地上班后几乎天天加班，经常干到晚上 11 点甚至是凌晨，几乎没有休息的时间。长时间的高强度劳动加上没时间恢复体力，致使身体透支，出现意外。

从运动员到演员，再到建筑工人，他们的悲剧都属于劳动强度过大，但没有及时补充足够的能量所致。就像是一个猛烈放水而进水却极少的大水池，表面看上去还有很多水，而内里不知哪天就会被耗尽。他们需要喊停并降低劳动强度，但他们往往都忽视了自己身体发出的预警信号。

忽视体力透支症状的后果非常严重。2016 年的"双 11"过后，湖南株洲一名快递员，在将车停在路边，跟路人说了一句"好累的"，就陷入了昏迷状态。快递员每日的工作时间长、工作强度大、工作负担重，从而造成了体力透支。遗憾的是，这名快递员停下来休息的时候，情况已经非常严重，虽然及时送入医院，但并没能挽回他的生命。

身体防火墙

世界上的无数致病菌、病毒都能够夺走人类的生命，但很多人与这些致病菌、病毒朝夕相处却安然无恙。这是因为人体有一道防火墙，能有效阻挡致病菌、病毒对人体的侵害。这就是人体的免疫系统。

有些人身体非常虚弱，总是容易生病，生病后恢复得也很慢，就是因为他们的免疫系统出了问题，免疫力下降了。经常加班，长时间的过度劳累，熬夜、睡眠不足、压力大，精力得不到恢复，这些都会影响到内分泌系统和免疫系统，使免疫力下降，导致身体虚弱。

一名25岁的企业员工开始工作后，两个月内只回了三次家，每天早上9点开始工作，直到凌晨3点，晚上直接睡在办公桌下的小床垫上。他的三餐也都是随便应付的。长期缺乏休息和饮食不当，使得他的精力恢复失衡，身体疲劳，从而造成免疫系统崩溃。不久后，他虽然没有任何明显疾病，却在岗位上昏迷不醒，最终抢救无效身亡。

免疫系统的崩溃并不是短期造成的，而是一个渐进的过程，在前期会有一些症状提醒人们要提升体能，避免过劳。随着过劳程度的加深，免疫系统恶化的程度会加重。在免疫系统彻底恶化之前进行补救，补充体力，都能恢复健康。

免疫力下降初期的症状是容易感冒发烧，这是免疫系统在发出信号，提醒人们应该休息了。韩国演员金裕贞在结束一次剧集的拍摄后并没有充分休息，而是把自己当作铁人一般，工作行程安排得满满当当。这使得她免疫力下降，患了重感冒，随后体力不支，晕倒送医。

这时，她最需要的是好好睡一觉，保证充足、有规律的睡眠。睡眠是最好的抗疲劳"特效药"，能够增强人体免疫力，抵御外界的病毒、细菌，维持身体健康。英国免疫学家詹娜·马乔基（Jenna Macciochi）博士进一步提出："充足的睡眠是整个免疫系统的基石。"

免疫力低下还表现为经常生病，且生病后不易恢复。这通常是由于运动量不足，体力不够，从而引起免疫力下降。一家房地产企业实行的是不定时工作制，经常加班。该公司项目经理助理李小姐每天早上6点起床，常工作到晚上10点，而且几乎从不运动。在做销售时，开盘前一个月，她更是一天都没有休息，更别提抽时间放松或运动了。这导致她心力交瘁，经常生病，甚至为此不得不辞掉工作休整了半年之久。

其实对于像李小姐这样的情况，持续地进行一些温和运动，如每天慢跑或散步30分钟，就能够提高她的免疫力，使她从疲惫中恢复过来。这是因为运动使循环血液中白细胞的数量增加，活力增强，从而增强自身免疫力。但要注意，运动要坚持，既不能很长时间不运动，也不能某一天突然剧烈运动，一次运动两小时以上，把自己搞得上气不接下气。这样反而会使免疫力下降，患上感冒，也就是"运动后遗症"。

如果长期睡眠不足，且不锻炼身体，精力一直得不到恢复，形成持续疲劳，也会导致人体免疫力下降，甚至造成免疫系统崩溃，这样病毒就能轻而易举地入侵人体。

曾经"胡新宇事件"引发媒体跟踪报道，据报道称，胡新宇日常在公司加班到将近晚上10点，回家路程花费一个小时左右，到家时间超过晚上11点，入睡时间通常在凌晨甚至更晚。第二天，胡新宇要在早上7点骑车上班。这样一来，胡新宇的睡眠时间长期少于7小时。此外，他还经常在公司加班，打地铺过夜。

2006年4月初，胡新宇在公司连续熬夜加班，身体出现不适。此时，他就应该警惕起来，好好睡一觉，让自己的体能得到恢复，开始锻炼身体，增强自己的免疫力。但胡新宇忽视了身体的不适状况，选择继续加班。4月11日，他的身体出现水疱皮疹，全身瘙痒，抓破后有液体流出。此时他应重视自己的身体情况，及时到医院就诊，但他直到近一周后（4月18日）才到医院就诊。随后，在一个多月的时间内，他全身多个器官快速衰竭，最终于5月28日因病毒性脑膜炎去世。

胡新宇的去世与他长期熬夜、睡眠不足有关。病毒性脑膜炎是由病毒感染脑部引起的炎症，多发于儿童和青少年。这是因为儿童和青少年的免疫机能发育尚不健全，免疫力较差，难以抵御病毒的感染。而成年人的免疫系统已发育健全，一般很少患上病毒性脑膜炎，且病毒性脑膜炎的早期发病症状跟感冒差不多，轻症是可以自行缓解的。

但胡新宇长期熬夜，睡眠不足，削弱了他的免疫系统，这才使得他缺少对病毒性脑膜炎的抵抗能力。2019年，德国图宾根大学的斯托杨·季米特洛夫（Stoyan Dimitrov）博士及其团队研究发现，熬夜会影响正常免疫功能；长期睡眠不足，有可能导致免疫系统崩溃。[1] 而在出现不适后，胡新宇又没有及时就诊，错过了最佳治疗时间，这才导致了悲剧的发生。

祝你晚安

对处于高压力、高疲劳状态的过劳人士而言，睡眠非常重要。它是人体恢复精力和体力不可缺少的一部分，而保证良好充足的睡眠不仅能恢复人的精力和体力，使人从疲劳状态中走出，还能调节人的情绪，提高人体免疫力，促进细胞再生。

正如许多科学家的灵感是从睡梦中得来的。好好睡一觉后醒来，人会感到神清气爽，记忆力更佳，在能专注某件事的同时也

---

[1] DIMITROV S, LANGE T, GOUTTEFANGEAS C, et al. Gαs-coupled receptor signaling and sleep regulate integrin activation of human antigen-specific T cells [J]. Journal of Experimental Medicine, 2019.

更有创造力。

相反，睡眠不足会对人的躯体机能及情绪造成巨大损伤，从而让人精力衰微。1964年，一个名叫兰迪·加德纳（Randy Gardner）的美国男孩连续11天25分钟（264.4小时）不睡觉，打破了世界纪录，但他也因长时间不睡觉，精神受到了不可逆的损伤。当他被要求从100开始连续减去7时，他往往在中途就忘记了自己接下来该做什么。而更极端的案例是，身体构造和人十分相似的小白鼠，在被剥夺睡眠的情况下两周就死亡了。

并非每个人都能拥有良好充足的睡眠，这一看似简单的精力恢复方式对过劳人士而言却弥足珍贵。世界卫生组织2019年的调查数据显示，全球27%的人存在睡眠问题，而中国的失眠发生率在30%以上，这意味着仅中国就有超过三亿人存在睡眠障碍。在经济全球化、过劳普遍化的情况下，这三亿睡眠障碍者的病因近乎一半是过度疲劳。

这就让"祝你晚安"成为一句最真心的祝福。然而，很多人在互道"晚安"后仍需要熬夜处理一些事情。没有时间睡觉、习惯性或报复性熬夜、难以入睡、睡眠质量差等问题困扰着众多过劳者。

如何才能真正做到"晚安"呢？

睡眠需要节奏

在现代社会，人们的作息异常紊乱，如夜班工作者睡眠昼夜颠倒，值班医护人员睡眠不规律，基层民警白天黑夜连轴转，等等。他们只是众多过劳者的一小部分。

四季流转，昼夜更替都有规律，人的睡眠也需要按照节奏进行。古人日出而作，日落而息，起居都有定时，顺应自然规律生活。《黄帝内经》记载："阳气尽则卧，阴气尽则寤。"中国传统医学则认为，晚上11点到凌晨1点，人适合处于睡眠状态；凌晨1点到5点，适合处于熟睡状态；凌晨5点到7点，适宜起床。这一作息节奏才利于人体健康。

现代生物学研究表明，包括人类在内的生物体，体内都有一个内源性的计时系统——生物钟。生物钟受自然光影响，与自然光的周期同步，能够控制身体机能（如体温、大脑清醒程度、困倦、饥饿、激素分泌、代谢循环、对病原体的免疫保护等）的周期性变化。通常一次昼夜更替就是一个周期。这套机制也被称为"昼夜节律"（circadian rhythm）。

生物钟能够帮助生物预测和应对环境变化，适应正常的生活节奏。在生物钟的作用下，人会有规律地进行生物活动，比如进食、睡眠。

通常来讲，晚上9点，人体开始分泌褪黑素，产生睡眠冲动。凌晨1点到2点，人开始进入深度睡眠阶段。清晨6点左右，人体开始停止合成褪黑素，从睡梦中醒来。许多过劳者无法保证遵从这一规律，他们能做的就是遵从自己的生物钟，最大限度地实现定时定点的睡眠节奏。

一般来说，睡眠周期分为非快速眼动睡眠期（NREM）和快速眼动睡眠期（REM）两个时相，二者交替一次称为一个睡眠周期，约90分钟到110分钟交替一次，每晚交替循环往复约5次。英国睡眠协会前任会长尼克·利特尔黑尔斯（Nick Littlehales）据此提出R90法则，不以小时来衡量睡眠质量，而以一个睡眠周期（即90分钟）进行调整，以每周睡满35个周期为最佳。

由于每个人的最佳睡眠、起床时间不尽相同，所以根据每个人的体质不同，以及工作、生活的习惯差异，每个人最适合的起床、睡觉时间可作灵活调整。从定下的起床时间开始，根据R90法则，逆推就能算出睡眠时间。例如一名工作者需要早上9点钟上班打卡，在7点钟起床。那么，倒推5个睡眠周期，他需要在前一天晚上11点半前入睡。

当然，人的生活不可能一成不变，总有一些事情，比如社交、工作等会干扰睡眠节奏，使人错过规律的睡眠时间。这时，不必强迫自己按照既定规律马上入睡,而是等待下一个完整睡眠周期入睡。例如,一个人本该在晚上 11 点半入睡,7 点钟起床,但因为辅导孩子功课耗费了太多时间,等所有事情结束后,已经是半夜 12 点了。那么此时他要做的不是马上进入睡眠状态,而是再等一小时,约凌晨 1 点入睡。因为完整的睡眠周期完全可以弥补丢失的那一小时,所以生物钟偶尔被打乱也不要感到太大压力,通常连续三个夜晚的睡眠周期被打断,人体适应能力能够自主调控。

但要注意,人每天都应该坚持相同的睡眠时间表,在固定的时间起床、睡眠,即使无法做到这一点,也要保持固定的睡眠周期,即便处于休息日。很多人在工作日因为过多的劳作,无法规律作息,一旦有了休息日,就会理直气壮地睡个懒觉,甚至直到午饭时间才起床吃早饭。

这样的做法其实于健康无益。一方面,休息日有别于工作日,不吃早饭容易刺激肠胃,影响肠胃功能;另一方面,熬夜之后在休息日增加睡眠时间并不能弥补缺失的睡眠。相反,经常变换作息时间,打乱睡眠节奏,会导致生物钟紊乱。

生物钟一旦紊乱就会降低人体葡萄糖的代谢功能,大大增加代谢疾病的发病率,加速人体衰老进程。同时,被生物钟所调控的心脏细胞和免疫系统将无法适应工作日正常的生活工作压力,更容易出现心脏功能性障碍。例如不少人在休息日熬夜后，会出现不易察觉的心律不齐。

如果你确实希望在过度劳累的工作日之后可以美美地睡个懒觉，那么你可以按照自己的生物钟和睡眠周期适当安排时长，定一个符合睡眠周期的起床时间。起床后可以先吃个早饭，适当活动一段时间，再进行一个周期或两个周期的睡眠。这样既能保证睡眠节奏，也能满足想放松的心愿，同时改善因种种事情导致的高压力和高疲劳的心理状态，开始下一轮精力满满的工作与生活。

睡足八小时

大多数人都明白，人应该保证充足的睡眠时间，但并非所有人都能明确，具体睡多长时间才能算"充足的睡眠"。

科学研究表明，睡眠有长睡基因与短睡基因之分。有的人生来就需要较长的睡眠时间来保证自己第二天精力充沛，而有的人只需要很短的睡眠时间。大部分人每天需要的睡眠时间在 7~9 小时之间，而每天睡眠时间少于 6 小时，每周睡眠时间少于 35 小时就算睡眠不足。这一数据实际是许多过劳者的真实写照，他们中每日睡眠时间少于 6 小时的不在少数，而这一常态化的睡眠不足背后有诸多隐患。

如果一个人24小时内睡眠时间不足7小时，人体内前炎性介质和抗炎性介质之间的平衡就会被扰乱，可能引起血管炎症反应，诱发冠心病。美国科罗拉多大学博尔德分校（University of Colorado Boulder）的一项研究发现，每晚睡眠不足6小时的人心脏病发作概率要比睡眠6~9小时的人高出20%，健康的睡眠时长能够降低有高心脏病遗传风险的人患心血管疾病的概率。

有很多人即便知道睡眠不足的后果，还是无法做到睡眠充足。《2021喜临门中国睡眠指数报告》显示，中国人平均睡眠时长由8.8小时下降到了6.69小时。互联网从业者、外卖员、快递员、医护人员、自媒体从业者等群体最缺觉，平均睡眠时长在3~6小时之间。而根据《2018中国互联网网民睡眠白皮书》显示，工作压力大是导致中国人睡眠障碍的首要原因，超过一半的人会选择牺牲睡眠时间来完成工作。

牺牲睡眠时间也是无奈之举，但这会严重损害我们的身体健康，影响我们的工作效率，甚至威胁我们的生命安全。医学研究表明，睡眠不足与多种疾病有着强相关性，如阿尔茨海默病、脑卒中、心血管疾病、糖尿病、抑郁症、焦虑症等。2007年，顶级医学期刊《柳叶刀·肿瘤学》（*The Lancet Oncology*）刊登的一篇论文称，长期熬夜、作息不规律是致癌的风险因素。同年，世界卫生组织把熬夜的致癌性列为2A级，与高温油炸食品同级。

睡眠不足给心脏、血管增添了负担，极易导致猝死，该病因造成的死亡占了过劳死案例的六成。

我们需要权衡，应该选择牺牲睡眠时间来熬夜加班工作，最终缩短我们的职业寿命，还是选择保证充足的睡眠时间，在精力充沛时高效工作，延长我们的职业寿命。

抓住机会休息

只要一个晚上没睡，人的学习和记忆力水平就会下降。这种负面状态需要一周的时间才能恢复。如果人长期在晚上 11 点以后才入睡，人体大脑皮层修复会被打乱，身体各器官的功能也会受到影响。

如果熬夜已成既定现实，我们迫于工作压力等原因，无法保证夜间睡眠时长，可以选择抓住一切机会适当小憩，哪怕是 10 分钟的打盹，也可以消除一点因睡眠不足引起的困倦，有效克服连续工作（中间无睡眠）造成的效率下降。小睡的时间最好选择在午饭后，下午 1 点到 3 点之间，时长 30 分钟之内最佳。

按照一般人的生物钟，清晨醒来后，人每隔约 4 小时会进入一段疲惫期。也就是说，人会在下午 1 点到 3 点，傍晚 5 点到 7 点，以及晚上 11 点出现睡眠需求高峰。但由于傍晚 5 点到 7 点距离入睡时间过近，这个时候小睡很可能会影响夜晚的睡眠质量，因此下午 1 点到 3 点是小睡的最佳时间段。

睡个短暂的午觉有助于清除"大脑垃圾"，相比没有午睡习惯的人，有规律午睡习惯的人具有更好的思维敏捷性。这意味着，睡午觉能让我们下午的工作效率更高。

但要注意，睡午觉的时间最好不要超过 30 分钟。午睡时间在 30 分钟以内，甚至可以降低心血管疾病的发病概率。但午睡时间超过 30 分钟，反而会增加其发病风险。此外，午睡时间超过 30 分钟的人患代谢综合征、中风的概率会比午睡时间不超过 30 分钟者更高。

在人迫不得已必须整晚不睡觉，或者夜晚无法进行完整睡眠时，可以尝试达·芬奇睡眠法。

达·芬奇睡眠法又称多相睡眠法，即将完整的单次睡眠分散为多次睡眠，进行有规律的打盹。心理学家克劳迪奥·斯坦皮（Claudio Stampi）曾做过一个实验，他让一名健康的年轻人每隔 3 小时打盹 30 分钟，每天打盹的时长总计 3 小时。49 天后，这名年轻人的逻辑思维和记忆运算能力完好无损。通过这次实验他发现，在这种多相睡眠法中，人的大脑同样经历了普通睡眠拥有的慢波睡眠（即非快速眼动睡眠）和快速眼动睡眠，每个睡眠阶段的时间都被缩短了。

美国军方对多相睡眠法也曾进行实验，认为要采取这种睡眠法，则每天的总睡眠时长要保证 8 小时，且每次打盹的时长至少要 45 分钟。宾夕法尼亚医学院的教授则将基础睡眠时间控制在 4 小时到 8 小时，而打盹时长控制在 2.5 小时以内。

这些实验都证明，在无法实现正常睡眠的状态下，周期性的睡眠能改善人们睡眠不足的情况。通过间歇休息调整状态，补充精力，在一定程度上保证人们的最佳状态。

但是，达·芬奇睡眠法只能作为正常睡眠的补充，不能作为常态。以上实验在证明达·芬奇睡眠法的好处的同时，也证明了达·芬奇睡眠法的效果并不如正常睡眠，而且会引起生物钟紊乱。

当迫不得已熬夜后，需要进行 1 个或 2 个完整周期的睡眠，再回归正常睡眠的节奏。这样一来，既可以缓解熬夜带来的身体不适，又不会打乱生物钟。在熬夜并补觉后，为了避免夜间失眠，白天可以将自己暴露在强光之下，让生物钟快速有效地转换。

倘若你像医护人员一样需要轮班值夜，须注意的睡眠要点则有所不同。

一项由中国学者和美国杜兰大学学者联合进行的研究表明，

长期、频繁的夜间轮班工作（上夜班）的人，发生心房颤动和冠心病的概率明显高于正常作息的人。为了避免疾病的产生和加重，在需要值夜班的情况下，要尽量保持固定的作息，比如一直保持夜间工作、白天睡觉。哪怕是休息日不需要工作，也要保持这种作息。如果需要轮班，那么每个班别至少要持续7天到10天，而不是没有规律地随意排班。因为连续夜班形成规律后，可在一段时间内彻底颠倒人体生物钟，使人体适应夜间工作、白天睡觉的作息。而不断变换工作时段，会使得人体生物钟紊乱，带来更大的身体消耗。

如果不得不频繁更换作息规律，那么应尽量将工作延后。例如今晚9点开始工作，那么明晚10点再开始工作。因为如果将工作的时间往前推，意味着需要提前洗漱入睡，而对大多数人而言，晚睡比早睡更容易。

值夜班时，可以保持适当强度的运动，以微微出汗、轻度呼吸加快但不影响对话为准。运动能减少上夜班带来的心房颤动和冠心病风险，但强度不宜过大，因为熬夜过后剧烈运动反而有猝死的风险。

停下来充电

当人处于高压力状态时往往精神紧绷，会给自己发出不能睡觉的暗示。而有的人则因为过度劳累，身体机能出现了问题，不是没有时间睡觉，而是入睡困难，难以成眠。他们的入睡时长往往不超过 30 分钟，甚至睁眼到天亮。这时候，需要找出干扰睡眠的原因并一一加以解决。

干扰睡眠的第一个因素是压力。现代社会生活节奏快，房子、车子、工作任务、升职要求、家庭负担等，都会化作我们心中的压力，让我们忧虑重重。这就是古人说的"忧思过度，郁结于心，以致寝食难安"。实际上，这是因为压力带来了焦虑、抑郁等情绪，影响了人体内褪黑素等激素的分泌和 5- 羟色胺等神经递质的传递，最终导致失去可贵的睡眠。

要解决由压力带来的失眠问题，应从两个方面入手。一方面，释放压力。每个人释放压力的方式不同，或是运动挥洒汗水，或是找人倾诉，或是听音乐，抑或是直面给你带来压力的源头，把它当成游戏去通关。例如，你可以写日记，把自己忧虑的问题写在纸上，再撕成碎片。只要能让你感到放松，完全可以采取这类减压方式。

另一方面，培养乐观的心态。维也纳一名流行病学家发现，乐观的人有更好地处理问题的能力和减少压力的对策，患有睡眠障碍或失眠的概率比悲观的人低约 70%。如果每天都定下一个小目标并完成它，那么持续一段时间后，即便有些大目标尚且止步不前，你也会发现自己变得更乐观了，失眠问题则会有明显改观。

干扰睡眠的第二个因素是渴望自由。通常表现为舍不得睡觉，想将睡觉的时间用来再玩一会儿游戏，再蹦一会儿迪，再看一集电视剧，再刷一会儿视频……造成这种现象的原因是很多人上班时间长，缺少私人娱乐时间。他们会通过推后睡眠时间进行报复性熬夜，以争取自由支配时间，补偿白天缺失的对时间的自主权，获得对时间和自我的掌控感。

这种通过牺牲睡眠时间换来的自由，代价十分昂贵，它会带来身体功能的下降、精力不济、工作效率下降等诸多问题，从而导致不得不再次延长工作时间，减少自由时间，然后再增加对自由时间的渴望，报复性熬夜……形成恶性循环。解决这个问题的最佳方式是提高工作效率，早点下班，在生活中创造出更多属于自己能够自由支配的时间。

干扰睡眠的第三个因素是兴奋。下班后，很多人会吃一顿丰盛的大餐或夜宵犒劳自己，习惯在睡前玩手机、电脑等电子产品，或者打游戏、剧烈运动。这些活动都能够让人兴奋起来，久久不能进入平缓的睡眠状态。此外，电子产品还会发出蓝光，抑制褪黑素的分泌，延迟进入睡眠的时间。

建议在睡前三小时左右，除喝水以外不要再进食。晚饭后尽量不要进行剧烈运动，可以选择散步或做一些简单的瑜伽来舒缓身心，还可以选择白色噪声（white noise）来帮助睡眠。所谓白色噪声，就是一些机械重复的、音量相对较小的声音，比如远处的海浪声，雨水打在草地上的声音，风吹过森林的声音，等等。这些声音能够让人平静下来并进入睡眠状态。

干扰睡眠的第四个因素是光照。光照是一种影响人体生物钟的授时因子。人的视网膜上有一种特殊的细胞，能够感知日光，通知大脑调控褪黑素的分泌，从而影响人体生物钟，指挥人在什么时候睡觉。当人处在黑暗中一段时间后，视网膜上的感光细胞感应到这是夜晚，便通知大脑开始调控褪黑素，使褪黑素的分泌增多，我们就会进入睡眠状态。

当处于强光刺激中时，视网膜上的感光细胞会认为这是白天，便告诉大脑"清醒一些，你该干活了"，褪黑素的分泌便会减少，我们就会保持清醒状态。因此，我们要在白天多见阳光。早晨起床，拉开窗帘或打开灯，让室内处于明亮状态。睡前，营造一个黑暗的环境，不要让身体以为夜晚还是工作时间。

干扰睡眠的第五个因素是温度。人体的温度也会受到生物钟的影响，以一个昼夜为周期，形成周期性交替。体温的变化周期与人的睡眠周期是同步的，人在睡前体温会降低，在午夜到凌晨的时候降到最低点,随后缓慢上升,直到人变得清醒。因此,较低的室内温度(以20℃为宜)有助于人的睡眠。

研究表明,睡前1小时到2小时之间,进行10分钟的热水淋浴、足浴或全身沐浴,能够加快入睡速度。洗澡水温度以40℃~42.5℃最佳。洗热水澡能加速手掌和脚掌等外围部位的血液循环,促使核心体温迅速下降,从而带来困意。

干扰睡眠的第六个因素是长时间躺在床上。长时间躺在床上是失眠的重要因素之一,会降低睡眠效率。如果你实在睡不着,就不要硬睡了。走到阳台看看夜景吹吹风,或者坐在沙发上看一会儿无聊的书,逼着自己从睡觉的状态中出来,等有困意了再睡。此外,不要在床上做任何与睡觉无关的事情。床是睡觉的地方,一定要在脑海中形成"床 = 困"的概念。如果在床上进行太多与睡觉无关的活动,例如躺着玩手机,就会严重影响你的睡眠。

一觉到天亮

优质睡眠是生物补充精力的普遍方式,也是最有效的途径。然而,对于过劳人群而言,疲惫并不会在进入梦乡的时刻结束,反而会破坏、瓦解人体最佳的睡眠时间。

入睡之后,过劳者睡眠浅、多梦、易醒,醒后又全身酸痛的例子数不胜数。所以相当一部分过劳者即使达到了一般人的睡眠时长,也会陷入睡眠质量低下的漩涡。

2014年的一项研究证明,疲劳与睡眠质量之间存在线性关系。该项研究对海南省三甲医院的1042名多级医护人员进行了随机抽样,用疲劳量表和睡眠质量量表进行测评,发现慢性疲劳与睡眠质量息息相关。睡眠质量越差,慢性疲劳程度越高[①]。

过劳对睡眠的侵袭是一场恶性循环。因此,建立起一套高质量睡眠体系有助于过劳人群恢复精力,面对新的一天。睡眠质量是贯穿整个睡眠过程的核心要素,从入睡到起床,从起床到出门,精力恢复的方式截然不同。为此,睡眠质量体系分为两个部分,包括黄金睡眠和起床节点。

黄金睡眠

黄金睡眠指的是非快速眼动睡眠中的深睡期,占整个睡眠时间的15%~25%。在黄金睡眠期间,大脑的活动显著下降,人体得到充分的放松。同时,黄金睡眠能够加快大脑垃圾毒素的清除速度,顺利完成大脑的新陈代谢,让思维反应更加敏锐。但需要明确的是,延长睡眠时间不等于可以延长黄金睡眠时间,我们需

---

① 高允锁,王小丹,杨威科.海南三甲医院医护人员慢性疲劳与睡眠质量相关分析[J].职业与健康,2015:22-24.

要做的是提高黄金睡眠期间的睡眠质量。

如何创造黄金睡眠？两个具体维度是关键。

第一，营造睡眠环境。不同于入睡困难问题，针对睡眠质量问题，睡眠环境的条件需要更加细化和具体，以帮助过劳人士获得更好的黄金睡眠时期。黑暗环境是提高睡眠质量的基础，正如之前提到的光照问题，我们需要营造一个更加适合睡眠的黑暗环境，包括警惕夜晚的光线对大脑的影响，如拒绝注视中等强度的亮光；确保卧室足够黑暗，如使用深色窗帘和眼罩。

声音环境也是睡眠环境的一种。在各类失眠、惊醒案例中，声音因素占据了较大比重。入睡前，人们对不同种类的声音有着特有的敏感度，楼宇间的吵闹、沿街的鸣笛声、楼上楼下的脚步声，这些都足以刺激过劳者敏感的听觉神经。如果遇到类似问题，减少入耳噪声是有效的处理手段，如使用隔音玻璃、睡眠耳塞、隔音墙、收声窗帘等。

第二，个人准备。提高睡眠质量的目的是减少睡眠过程中的异常情况。因此，建立一套属于自己的"睡眠仪式"以维持舒适的睡眠状态。

睡眠仪式因人而异，可依据个人喜好或繁或简。温度适宜、放松身心的热水澡简单有效，可以帮助过劳者降低梦中惊醒的概率。一套舒缓轻松的伸展运动或瑜伽锻炼能松弛肌肉，缓解疲劳。当然，听一段轻缓平和的音乐是保持睡眠情绪、营造睡眠质量的有效途径。最主要的是，防止身体在过度饥饿或过度劳累的状态下入睡，可以减轻交感神经系统的兴奋程度，降低它对睡眠质量的消极影响。

更为复杂的睡眠仪式有身体扫描法和正念冥想法。身体扫描法不仅有助于解决失眠问题，更能打造优质的睡眠。通常来说，身体扫描法是通过关注身体的各个部位，从头到脚、循序渐进地进入睡眠。同时，通过内在地扫描自己，处于疲劳状态的人可以将意识带到身体的每一个部分，注意任何紧张或不适的情况。在这个过程中，身体扫描法可以了解和管理不适感，从中找到失眠的根由。

正念冥想法则关注失眠者的心理层面。在正念概念发展扩散的今天，冥想早已摆脱定式束缚，开始崇尚自由的锻炼方式。当我们将正念冥想应用于睡眠仪式时，它则成为不少过劳者解决心理问题、塑造黄金睡眠的有效手段。

正念冥想的要素分为有意识地觉察、专注于当下、不主观评判。在睡眠仪式中，正念冥想是一种内省式的觉察，专注于当下，并全盘接受的过程。过劳者可以任由思绪纷飞，繁忙的工作、复杂的人际关系、对睡眠的恐惧……千头万绪充斥着大脑，没有固定走向的思维,让自己沉浸在"感受"中。结束冥想后,过劳者可以"清除"影响睡眠的因素,让夜晚归于睡眠。

从起床开始

入睡并非目的,如何享受睡眠过程,充满活力的醒来才是高质量睡眠的关键。在睡眠质量差的诸多案例中,睡觉时间越来越短,醒来难以解乏,起床后出奇地疲累等状况是现代过劳者的普遍特征。

面对类似问题,过劳者需要从两个方面出发解决"起床危机"。

第一个方面是内部调节。提升睡眠质量的关键在于什么时候起床,这也是精力管理的必要步骤。找到最佳起床时间的科学方法是理论结合测试。

根据睡眠阶段,如果过劳者能够在浅睡眠阶段醒来,就能感觉神清气爽,利于起床。而一个睡眠周期在90分钟左右,这意味着,我们可以按照90分钟的整倍数来规划睡眠时间。如某人假设自己需要的正常睡眠周期是4个,那么睡眠时间为6小时,如果起床之后仍然很困,可以尝试增加半小时或一个睡眠周期,避免在深度睡眠过程中醒来。

对于实际测试,需要人们自然感受从入睡到醒来的时间,从中找到最佳睡眠时间及睡眠模式。例如，某些工作繁忙人士可以利用充足的机会，告别繁重工作和家务，尝试无压力睡眠，以获取平均睡眠时长的改善。在获知睡眠时长后，通过计算得到自己的睡眠周期数，将日常起床时间控制在浅睡眠阶段。对过劳者来说，正确的起床时间是精力管理的开始。固定的起床时间就像一根铁锚，可以帮助人们规避过劳风险。

除了合适的起床时间外，一些精力恢复技巧也可以解决乏累等睡眠质量问题。首先，适当拉伸是帮助身体恢复活力的关键，起床后伸懒腰更是身体最本能的需求。一套舒适的拉伸运动，可以唤醒全身的肌肉。其次，晨间淋浴是迅速清醒、恢复精力的好方法。淋浴可以刺激交感神经，提高身体活动性。最后，简单的面部按摩同样可以摆脱睡意。五分钟的面部按摩，能够有效促进血液和淋巴循环，消除困倦，恢复精力。

第二个方面是外部激励。适当的音乐能够调动情绪，例如旋律轻快、律动感强的歌曲可以营造积极的心态。此外，早餐是提神的最好办法，可以让肠道活跃起来，有助于改善人体机能。同时，通过增加血糖，起床的信息会经大脑传递到身体各处，唤醒自我。

现代社会，人们常选择牺牲睡眠时间去做更多的事情，实际上一个人的精力是有限的，而睡眠是补充、恢复精力的重要途径。一觉到天亮可以恢复体力、增强智慧、保证健康。当你处于过劳状态时，无须额外花费更多精力与金钱，保证睡眠是改善过劳状态的最佳选择。

有一副好身体

我们需要有一副好身体以抵御过劳。我们的身体是一个一边放水、一边进水的大水池。日常的工作消耗我们的精力，是在放水；而工作之外的休闲娱乐、饮食锻炼补充我们的精力，是在进水。过劳通常是由于放水量大于进水量，造成了水池逐渐干涸。

但是，我们需要考虑一个问题：这个水池是否足够坚固，能抵御放水、进水带来的冲击吗？

当这个水池承受不住这种冲击时会出现各种症状，如脱发、头疼头晕、耳鸣目眩、胸闷气短、肩颈麻木、过劳肥、内分泌失调、没有精气神等。

当出现这些症状就证明水池已经有了"蚁穴"，不再坚不可摧。我们需要把"蚁穴"彻底铲除，再加固被侵蚀的地方。

不为头发烦恼

当熬夜醒来梳头时，发现梳子上、地上全是刚刚脱落的头发；当好不容易结束加班，洗了个热水澡，清理浴室时却发现浴室地漏堵满了头发……在这样的时刻，大多数女性会陷入崩溃。而男性同样也会为脱发烦恼，上移的发际线总会告诉别人你最近的繁忙与疲惫。

人类进化了数百万年，体表的大多数毛发已消失，但仍倔强地保留了头发。这足以证明头发的重要性。头发不仅是为了保护我们的大脑，更重要的是美观。拥有一头浓密而有光泽的秀发会让人在人际交往中更加自信。但很多人却在为脱发问题烦恼。《2020脱发治疗白皮书》指出，平均每六个中国人里就有一人脱发，一线城市人均防脱发消费为300元。而这些脱发人士，大部分也是过劳人士。

要摆脱脱发烦恼，我们需要知道，为什么我们会脱发。

脱发一般分为生理性脱发和病理性脱发。健康的毛发进入毛囊休止期会自然脱落，这被称为生理性脱发，是正常的生理现象，无须过度担心。而毛发处在毛囊生长期，由疾病或其他原因引起的头发异常或过度脱落，则为病理性脱发。令人感到烦恼的脱发问题多是病理性脱发。

一般来说，生理性脱发每天的脱发数量不超过100根。而每天脱发数量超过150根且持续1个月，能明显感觉到头发的部分区域日渐稀疏，就可以说是病理性脱发。可以通过"拉发自测法"判断自己是否属于病理性脱发。第一步，五指伸开，插入头发根部，手掌紧贴头皮；第二步，五指并拢，夹紧头发轻拉，看手指缝夹掉的头发数量；第三步，重复前两步动作6~8次。如果每次夹掉的头发都在六七根以上，可以初步判断为病理性脱发。

经过拉发自测，如果判定自己为病理性脱发，且情况较为严重，建议到医院皮肤科就诊。病理性脱发的诱因有很多，如精神压力、内分泌失调、营养失衡等都可能导致脱发。如果是由甲状腺疾病、梅毒、红斑狼疮等疾病引起的脱发，建议到专业医疗机构诊治。其他几种类型的脱发则可以根据情况自行判断是否需要到医院就诊。

通常来说，过劳者脱发，大多是因为强大的工作压力和不良的作息习惯，引发精神性脱发、内分泌性脱发、营养性脱发、脂溢性脱发、物理性脱发等不同原因的病理性脱发。

精神性脱发是由情绪变化、精神异常引起的。当人的精神压力过大，失眠、烦躁、焦虑、抑郁、亢奋的时候，头皮血液循环不畅，导致头发原有的生态环境改变，供给头发的营养不足，最终造成脱发。精神性脱发一般都是暂时的，一段时间后能够自愈。建议调节情绪，保持乐观的心态，减轻精神压力。若长期精神压力过大，建议咨询心理医生。

内分泌性脱发是由内分泌腺体机能异常、体能激素失调引起的。熬夜、贫血会使得内分泌紊乱，从而造成脱发。缓解内分泌性脱发的直接方法是避免熬夜，积极调整作息时间。

营养性脱发是由营养摄入不足、肠胃吸收障碍引起的。发为血之余，当人精力充沛、营养充足时，头发才能有足够的营养物质以维持生长，才能坚韧且有光泽。当一个人面黄肌瘦时，他的头发必定也是枯黄易断、稀少的。因此，不要过度节食和偏食。在饮食方面注意均衡营养，发的主要成分是角质蛋白，适量摄入优质蛋白，如玉米、大豆等植物蛋白，蛋类、鱼虾等动物蛋白，有助于头发的生长。此外，还可以适量食用富含铁质的食物，有助于软化头皮。

脂溢性脱发也称为雄激素性脱发，是由脂溢性体质、表皮代谢异常引起的。脂溢性体质一般是遗传的，男性和女性都有可能出现，但男性更为常见。通过观察家中的男性长辈，可以判断自己是否属于脂溢性体质。若他们脱发，且脱发数年后头顶或两鬓头发稀疏，那么当自己也出现脱发症状，头发易出油，发质细软时，最好及时到医院治疗。脂溢性脱发是一个进行性加重的过程，尽早治疗更有利于遏制脱发。表皮代谢异常通常是饮食过度油腻，导致头皮油脂过多，阻碍毛发新陈代谢和营养吸收。此外，肥胖是脂溢性脱发的一个风险因子，肥胖引起的代谢压力会加速脱发。因此，需要保持身材匀称，避免吃太油腻的食物。

物理性脱发是由物理原因引起的。例如，空气污染、阳光暴晒、高温、放射性辐射、机械性摩擦刺激等。预防物理性脱发有以下几个方面的建议。第一，做好头发防晒，夏季外出时尽量打伞，减少头发在阳光下暴晒的时间、次数。第二，减少烫发及使用电吹风的次数。必要时使用电吹风可尽量避免温度过高，吹风机离头皮最好有15cm以上的距离。第三，扎头发不要扎得过紧。第四，尽量不要长时间戴帽子、头盔，佩戴时需要做好通风，如选择透气性好的帽子、头盔。

除了根据脱发原因而采取针对性措施外，还需要注意头发的日常护理，以预防脱发。洗发不宜过于频繁，洗发频率根据个人发质及季节的不同，每周洗发次数为两三次，以头发是否出油为准。洗发前可用梳子梳理头发，清理头发上的灰尘杂物，将头发理顺。洗发时水温控制在40℃左右，轻轻揉搓头皮，不宜用指甲抓挠。平常用发齿较为稀疏的梳子经常梳头，按摩头皮，加快头皮血液循环，能够促进头发生长。

搞定小状况

很多人在职场中伏案工作，久坐不起，缺乏锻炼。长时间下来，身体出现了各种各样的小状况，如头痛头晕、耳鸣目眩、胸闷气短、肩部和颈部麻木僵硬。这是过劳初期的症状，提醒我们要关注自己的身体情况。调整工作节奏，增加活动量可以让我们缓解这些小状况。

信息化、全球化时代的到来，智能手机的广泛应用，使得手机、电脑成为大部分白领工作必不可少的生产工具，无限的链接也将人捆绑在工作中，不得片刻喘息。这种仿佛24小时被工作包围的感觉，加剧了人的精神压力和疲劳程度，也使得很多人出现用眼过度、头晕头痛、耳鸣目眩等情况。

一名从事文书处理工作的33岁男子，在周日加班到晚上10点，而后眼前一片模糊。他没有将这个问题放在心上，觉得休息一晚就会好转，但第二天起床后，该男子发现自己什么都看不清楚，视力严重衰退。到医院就诊，医生诊断为由心理压力过大引起的"右眼过劳死"。

除了像这名男子这样由心理压力带来的过劳外，更多人是由眼睛盯着屏幕过久引发的用眼过度，眼睛干涩、流泪、发红，以及久坐导致血液循环不畅，脑部供血不足，而引发头晕头痛、耳鸣目眩。大约每隔40分钟就起来走动走动，活动活动手脚，促进血液循环，看看窗外的绿植，能够有效缓解这种疲劳。

久坐使用电脑还会带来肩颈疼痛、腰椎、颈椎疼痛、鼠标手等问题。刚从学校毕业的韩某进入IT行业工作，每天需要长时间对着电脑或手机工作，且公司要求加班，到了下班时间几乎没有人离开。没多久，她就感到肩膀有些疼痛。但她以为只是久坐带来的肌肉僵硬，捶了捶肩膀就又投入忙碌的工作中。没想到，她的情况越来越严重，手臂会突然酸软无力，甚至杯子都拿不稳。肩膀经常感到寒冷，敲打时会有强烈的刺痛感。她终于下决心请假去医院检查，医生告诉她，她得了肩周炎。

像韩某一样，不得不长时间使用电脑工作的人，可以尽力改善自己的办公环境，减少肩颈、腰椎、颈椎的不适。第一，保持肩颈的温暖，在空调温度过低的时候，给自己披个披肩或外套，防止肩颈受寒。第二，将电脑屏幕摆在正前方，使自己能够在坐直时与电脑屏幕保持水平，以防止长时间低头。如果是笔记本电脑，在办公室可以使用电脑支架或书本将电脑垫高；如果是台式电脑，可以换一把高度合适的椅子或一把可以调节高度的椅子，将椅子调到合适的高度。看手机时也应使手机屏幕和眼睛视线保持水平，不要长时间低头看手机。第三，不要跷二郎腿。经常跷二郎腿会腰酸背痛，增加脊柱侧弯的风险，影响脊椎健康。

此外，需要注意自己每天睡觉的枕头高度是否合适。枕头的高度太高或太低都会影响颈椎的健康。枕头的高度以睡觉时能够支撑颈部，使其处于颈曲位置为宜。若睡觉习惯仰卧，枕头的高度以一拳为宜；若睡觉习惯侧卧，枕头的高度与一侧肩膀的宽度相同为宜。

30岁的李某是一名平面设计师。她工作忙碌，压力大，经常感到焦虑。因为长期紧绷高压的生活，她常感到胸闷气短，呼吸不畅，在不知不觉中改变了呼吸，在工作到一半时容易耸肩，导致她长期肩颈疼痛。为了缓解这种疼痛，她经常到一些按摩理疗机构去按摩。但按摩的效果只能维持很短的时间，不久肩颈疼痛又会反复发作。去医院检查后，医生发现她的核心肌群偏弱，呼吸短促，呼吸时肩颈和胸椎用力。而她的关节并没有严重的问题。

像李某这样的情况，可以每隔大约40分钟休息一次，缓慢做一些深呼吸，放松肩颈。在休息的时候做一些力量训练，锻炼核心肌群。

以上都只是一些预防性建议，或者在情况不严重时能够缓解不适的办法。但若感觉到肩颈、腰背、脊椎等部位疼痛，就应及时到医院去做检查，听取医生的建议，这样才能及早发现身体的隐患，有效避免情况恶化。

一名28岁的男子，为了更好的生活而努力奋斗，每天加班熬夜，总是第一个到公司，最后一个离开。没多久，他开始在起床时感觉胸闷，像是有东西卡在胸口一样。熬夜过后，经常感到眼睛疼、头痛。此时，他就应该重视起自己身体里的这种小状况，到医院去做检查。但他没有，而是仍保持着以往的作息。

接着，他变得越来越虚弱，走一两步就气喘吁吁，由拍胸脯时感到刺痛演变为持续的胸闷胸痛。但他仍没有在意，因为太忙而没有时间去医院，也不想去医院。于是小病拖成了大病。有一天深夜，加完班回到家中，他捂着胸口大口喘息，满头冷汗，晕了过去。家人将他送到医院抢救。据医生诊断，天天加班熬夜以及巨大的精神压力扰乱了他的内分泌系统，心脏负担过重，诱发急性心衰，最后失去了生命。一开始的胸闷胸痛是心脏负担过重的征兆，如果能够及早到医院做检查，也许就能避免悲剧的发生。

自律是生活的第一步

过劳往往会引起"过劳肥"，很多人会在工作三年内体重急剧增加，尤其是经常加班加点工作的人。这是对身体和精力的极大损害。通常情况下，自律的人会将体重维持在稳定的数值。生活的第一步，是管住嘴、迈开腿，掌控自己的体重。

根据 2016 版中国超重/肥胖医学营养治疗专家共识，我们使用体质指数（BMI）判断一个人是否肥胖，计算公式为：BMI= 体重/身高^2（kg/m^2）。$18.5 \leq$ BMI<24 kg/m^2 为正常体重

范围，24 ≤ BMI<28 kg/m² 为超重，BMI ≥ 28 kg/m² 为肥胖[1]。

一般来说，过劳肥有四个成因：（1）生活作息紊乱；（2）长时间工作，睡眠不足；（3）缺乏运动；（4）饮食不当，饮食过度。通常情况下，这四个因素往往同时出现，共同作用，使得工作者的体重急剧增加。

生活作息紊乱是内分泌失调的直接诱因。长期处于压力状态下，人体内的糖皮质激素会在不适当的时候大量分泌，增加脂肪细胞。工作时间过长，压缩了睡眠的时间，或者工作压力过大，导致睡眠质量差。这两种情况都会导致睡眠不足，两者通常同时出现。而当睡眠不足时，胃饥饿素水平上升，瘦素水平下降，人体会限制脂肪减少和保存肌肉量。这使得脂肪难以消耗，致肌肉变肥肉。高压力、睡眠不足的情况都会使人选择高热量、高糖的食物。这是因为高热量、高糖的食物进入人体后，会刺激大脑的奖赏机制与大脑快感区域的神经递质受体，使人产生愉悦感。但摄入高热量、高糖的食物会增加人体血液内葡萄糖的含量。而睡眠不足会削弱身体对胰岛素的反应，使得处理葡萄糖的能力下降，由此便打破了人体内能量运行的平衡，导致过量的葡萄糖转化为脂肪储存在人体内。缺乏运动、久坐时，人体的新陈代谢减

---

[1] 中国超重肥胖医学营养治疗专家共识编写委员会. 中国超重/肥胖医学营养治疗专家共识（2016年版）[J]. 糖尿病天地：临床, 2016, 10（10）: 5.

缓，脂肪不易消耗，容易囤积在腹部，产生中心型肥胖，也就是大肚腩。

某高校学生李某在读书时体重60kg，身材匀称，是学校里有名的帅哥。毕业后，李某成为一名程序员，几乎天天加班，不吃早饭、天天吃夜宵，平时极少运动。五年后，体重85kg，还长出了大肚腩。李某的肥胖就是工作、生活作息紊乱，睡眠不足，缺乏运动，饮食不当这四种因素共同作用造成的，也是他不自律的结果。

肥胖会引起一系列健康问题，如血脂异常、糖尿病、高血压、心血管疾病及其他代谢性疾病，还会增加患痴呆症、脑卒中和肿瘤（如乳腺癌、结直肠癌、子宫内膜癌、肝癌、卵巢癌和胰腺癌）等疾病的风险，影响人体的各个系统，如内分泌系统、消化系统、神经系统、呼吸系统等。

为了身体健康，我们需要自律，通过生活方式干预解决过劳肥。生活方式干预分为调节饮食，增加体力活动，作息时间正常化、规律化，学会享受休息和闲暇四个方面。

调节饮食主要是从吃什么、什么时候吃及怎么吃的角度出发，以限制能量平衡膳食（CRD）的方式，控制热量的摄入，解决过劳肥问题。地中海式饮食和间歇性断食都是经认证的、有效且相对健康的减肥方式。

地中海式饮食回答了吃什么的问题。地中海式饮食由埃及和意大利等地中海沿岸国家的烹饪和饮食方式衍生而来，以新鲜蔬菜水果、全谷物、豆类为主，以鱼类等海鲜作为蛋白质的主要来源，适量食用奶制品和禽类，少量食用红肉、糖和饱和脂肪，以大蒜、百里香等植物类香料调料和橄榄油调味。

关于吃什么的问题，需要注意的还有饮品。可以用不加糖、奶的茶、咖啡替代奶茶等含糖饮料。奶茶等含糖饮料含糖量高，高糖意味着高热量。热量过多，身体无法消耗，就会转化为脂肪。茶中含有茶多酚，能够改变人体肠道菌群的组成，改变肝脏的能量代谢，协助脂肪的分解和消化，降低体脂。而咖啡中含有咖啡因，可以激活控制肥胖的关键脂肪，增强燃烧脂肪的能力，促进机体热量消耗。咖啡和茶的热量都很低，不会增加身体消耗热量的负担。但要注意不能在茶和咖啡中加入糖、奶，茶、咖啡中加入糖、奶后，增加的热量抵消了咖啡因、茶多酚的效果，反而会造成体重增加。

间歇性断食回答了怎么吃的问题。间歇性饮食又称限时饮食（TRF），通过控制进食时间的方式增加脂肪的消耗，实现减肥的目的。间歇性断食要求将每天的进食时间控制在 8~12 小时内，剩余的 12~16 小时断食。如每天早上 9 点吃早饭，那么下午 5 点之后为断食时间，最好不要再进食。通常情况下，人体以葡萄糖作为代谢燃料,为人体的运行提供动力。人体没有消耗完的葡萄糖则转化为糖原、蛋白质,储存在人体内。断食12小时后,胰岛素水平降低,糖原储备耗尽,人体开始消耗脂肪作为代谢燃料。需要注意间歇性断食不是节食或绝食,不需要大幅度减少食物的摄入量。相反,还需要保证一定的摄入量,避免因为饮食过少而降低基础代谢。如果对减重有强烈需求,可在医生的指导下,将饮食时间控制在4~8小时。

增加体力活动是从加大能量消耗的角度解决过劳肥问题。过劳肥的脑力工作者通常都有久坐的习惯。久坐对能量消耗最少,是世界公认的不健康的生活方式。以站立办公的方式替代久坐,每隔1小时左右起身去倒杯水、上厕所,趁机活动活动,都能增加能量消耗。在摄入热量不变的前提下加大能量消耗,能够有效减少脂肪的堆积,减轻体重。运动是加大能力消耗的最佳方式。在工作时间之外,每天进行30~40分钟的中等或高等强度的运动,能够抵消10小时久坐带来的负面影响。选择在早晨空腹运动会增加脂质的利用率和胰岛素的敏感性,燃烧更多脂肪。如果工作太忙,没有专门的时间运动,可以找更多的方式增加体力活动。如用走路、骑自行车的方式代替开车出行,饭后多做家务不躺平。

作息时间正常化、作息规律化能够缓解过劳带来的影响,使人体内分泌恢复正常,从而改善过劳肥的情况。在一家文化公司做策划的刘某经常熬夜做方案、吃夜宵，作息非常不规律。工作三年后，她胖了20斤，从原来的瓜子脸变成了婴儿肥。在家休整一段时间，每天早睡早起，按时三餐后，她没有刻意节食减肥却瘦了下来，又变回了瓜子脸。这便是作息时间正常化、作息规律化带来的好处。睡得晚、夜间睡眠时间短都会增加肥胖的风险，因而要保证充足的睡眠时间和良好的睡眠质量。需要注意的是，长时间的夜晚开灯睡觉也会增加肥胖的概率，睡觉时最好营造黑暗的环境，避免夜晚开灯睡觉。

学会享受休息和闲暇。从工作中脱离，划分工作与非工作之间的心理边界，在非工作时间享受闲暇，能够缓解压力情绪，避免由压力引起的过劳肥。白领王某每天的工作量很大，加上领导的要求很多，使得她压力很大，心情低落。这时，她就特别想吃东西，尤其是甜食和油炸食品，就像是没有饱腹感一样。压力促使她大量进食高糖、高脂肪食物，从而引起肥胖。休息可以有效释放压力，如果王某能够增加休息时间，好好放松，过劳肥的情况就能有所减缓。在工作之余，晒太阳是一种休息方式，同样也能起到减肥的作用。晒太阳时，人体会通过皮肤释放一氧化氮，燃烧脂肪和糖分，预防体内脂肪囤积。

学会调理内循环

工作压力大、饮食作息不规律、缺乏运动是过劳者的常态。

长期处于这种情况之下，会打破人体内部平衡，造成内分泌系统紊乱。一旦出现这种情况，会给工作生活带来诸多不便，最好是去医院就诊。我们能做的是学会自我调节，保持良好的生活习惯，防止身体平衡被打破，也就是中医讲的"治未病"。

人体的内分泌腺能够自我调节，保持生理的动态平衡。但当激素的变化超出了人体能够调节的上限，就会影响内分泌功能，导致内分泌紊乱。

内分泌紊乱的成因有三：第一，精神紧张、压力过大，出现心理应激现象，尤其是女性，会扰乱下丘脑—垂体—卵巢神经内分泌轴的协调性；第二，作息不规律，违背了昼夜节律，打乱垂体激素的节律；第三，吃得太晚、太多。消化类激素水平遵循昼夜节律在夜间降低，吃得太晚、太多会升高消化类激素水平，继而引发全身性内分泌失调。

内分泌紊乱会出现脱发、长痘、长色斑、肥胖、脾气急躁、不明原因的疲劳、运动不出汗等症状，女性有可能出现月经不调症状，男性有可能出现性功能方面的障碍。

孙某在一家创业公司从事前端工作，连续一个月时间都在加班，每天下班都在晚上11点以后。加班的第二周，她开始出现身体不适，感觉四肢麻木、心慌，晚上8点的时候出现心跳加速的症状。第三周，她面色发黄，浑身发疼，左边下巴出现肿块，医生诊断为淋巴结发炎。第四周，她下巴和牙周都肿了，身上其他部位也都出现了肿痛现象。再去医院检查，身上很多淋巴结出现了炎症，牙周也出现了问题。孙某就是因工作压力超出了她的承受上限，引起了内分泌紊乱。如果在第二周时就及时休息，恢复身体的平衡，她就不会出现淋巴结发炎的现象。如果第五周她仍坚持加班，她的身体会继续恶化，最终难以挽回。

如果神经系统、心脏、肠胃系统等身体的各个不同部位都出现不适、疼痛，就医却未能发现实质性疾病，则很可能是植物神经紊乱。植物神经紊乱通常是由长期精神紧张、心理压力过大引起的。

春雨医生的创始人张锐2011年创办移动医疗平台"春雨医生"App。在创业初期，张锐压力非常大，每天吃不好、睡不好。每天一大早他都去跑投资，深夜还想着工作也睡不着，干脆熬夜加班。最终压力击垮了他的身体，他患上了植物神经紊乱，两鬓全白了。植物神经紊乱可以在医生的指导下找到诱发因素，去除诱发因素，通过改善生活环境及生活习惯，减轻压力、负担等方式恢复。但张锐并没有去除导致他患上植物神经紊乱的因素——压力，最终引发了悲剧。2012年10月，张锐因突发心肌梗死去世。

内分泌紊乱可以从饮食、睡眠、运动、情绪、排毒这五个方面进行调节。

第一，饮食。食物的选择遵循《中国居民膳食指南（2022）》的指导，饮食清淡，荤素搭配。女性可多吃黄豆及豆制品。饮食还需规律，三餐按时，尤其要记得吃早餐。

第二，睡眠。睡眠遵循昼夜节律，日出而作，日落而息，不熬夜，保证睡眠时间和睡眠质量。睡觉前两个小时不玩手机、电脑等电子产品，避免处于明亮光照下，以免影响褪黑素的分泌。

第三，运动。积极参加健身运动，但要注意夜间不要剧烈运动，以免造成交感神经兴奋，影响睡眠。

第四，情绪。保持乐观的情绪和平和的心态，释放压力。洗热水澡、泡脚、按摩、呼吸锻炼、发呆、嗅闻清淡的香气等方式都能够使人放松身心，减缓压力。

第五，排毒。及时补充水分，及时便溺，保持大便、小便、汗水排泄的通畅，及时排出人体产生的废弃物。

实际上，治疗疾病的最好方式就是养成良好的生活习惯，不给疾病任何钻空子的可能。

每年一次体检

长时间过劳会使人体出现各种问题。但在日常生活中，我们很难察觉到身体内部的问题,乃至忽视这些变化。过劳预防式体检,能够让我们认识到身体的变化,预防这些问题的出现。

过劳预防式体检并非简单的健康体检,在周期、频率、效果上与常规人群体检稍有不同。过劳体检的目的在于提早发现身体内部的问题,避免过度劳累直接造成不可挽回的损伤。基于此,过劳预防式体检总共分为三步,旨在循序渐进、全方位地保护身体机能。

预防式体检的第一步是常规自检。

在导致过劳死的各类基础疾病中,心脑血管疾病占据了2/3以上[1]。而此类疾病的发作往往突如其来,令人猝不及防。紧张、焦虑的高压过劳现状又进一步催化了心脑血管疾病的年轻化。

28岁的魏先生是一名景观园林设计师,平时工作任务重,经常熬夜加班。某天夜里,魏先生如往常一样加班至凌晨两点,这段时间,为了赶制项目图纸,他已经连续20多天处于熬夜加班状态。这天就在魏先生居家工作起身准备冲泡咖啡时,突然感到天旋地转、头晕目眩,一头栽倒在地上。妻子惊慌之余,赶紧将其送往医院,经检查,魏某的血压为189/97 mmHg,属于高血压症状。

---

[1] 张华,徐晶,魏星.过劳死不是"累死"是"病死"[J].科技致富向导,2013(19):1.

在此次因高血压晕倒就诊之前，魏先生在过去几个月内经常感到头昏脑涨，当时不以为意，认为是加班的正常反应，没想到竟然导致了高血压。正是因为长期处于过度劳累、加班熬夜的状态，身体的自我防御代偿机制才负累不堪，紊乱失控，最后诱发高血压。这一次突发状况给了魏先生警醒，但头晕、胸闷等预兆性症状很容易被忽略，只有获取最直观的人体血压脉搏变化才能准确预防此类疾病。

最后，魏先生考虑到医院血压测量存在不便性，决定在家中备好血压计等家用诊疗设备，方便观测身体异常情况。

面对疾病，最佳的防御手段是提前预知，通过简单的温度计、家庭血压计、血氧检测仪、居家心率监测仪等常规自检设备，使过劳者在面对身体异常时可以有所察觉。随时了解自己的血压、血糖、心率等情况，也可以精确规范地使用降压、降心率等药物。

除此之外，过劳者需要准确地进行自检。例如，居家测量血压时，需要放松身体，稳定情绪，在安静的环境下进行。现代家庭血压设备种类繁多，自检者需要横向对比，结合医生建议，选择适合个人情况的血压检测设备。

预防式体检的第二步是定期体检。

如果说常规自检的目的是检查日常情况下的身体问题，那么定期体检则是对身体状况进行全方位的了解。尽管现代医疗技术有了飞跃式的发展，但人们还是忽略了定期体检的重大意义。抛开一般大众对体检的无感，对于过劳者而言，定期体检是不得不遵循的自救法则。

2019年11月，浙江杭州的一名年轻男子在参加面试时，毫无预兆地晕厥倒地，小便失禁，心脏骤停，还未送至医院已经瞳孔散大，不幸离世。

2020年10月，江苏南京一男子通过地铁电梯时同样心脏骤停，头晕目眩，摔倒在地，所幸周围有位女士会心肺复苏术，在4分钟黄金抢救时间内救了他一命。

无独有偶，郑州市一名29岁的计算机工程师李某同样因为长期熬夜加班，患上了高血压。他却不太在意，自己到药店购买了降压药服用，但病情没有改观，不得不到医院就诊治疗。

王先生是一名金融行业从业者，在灯火辉煌的上海陆家嘴写字楼中，他一边捂着绞痛的胃，一边奋战在工作一线。突如其来的工作任务占用了他为数不多的用餐时间。直到因胃溃疡而疼晕后，他才知道自己的健康已经处于崩溃边缘。

…………

无数过劳案例提醒我们,突发性的疾病可能会随时降临,忽略体检,盲目乐观,只会对身体造成不可逆转的伤害。无论青年人还是中年人,无论体力劳动者还是脑力劳动者,定期体检都是提早发现高血压、动脉硬化、冠心病等原发疾病的前提。

针对过劳导致的慢性疾病,如高血压、胃病、肝炎等,医生的治疗能暂时缓解病情,无法一劳永逸地解决问题,这就需要病患定时定期进行体检,通过复查了解疾病情况。

另外,体检最重要的是保持定期性和连续性,每年一次,不间断地进行。体检类别方面,以医生建议为主,对过劳者来说,需要额外关注血常规、尿常规、便常规、血沉检测等指标。此类指标能反映疲劳症状的来源。

预防式体检的第三步是建立个人健康档案。

居家自检与定期体检为过劳者提供了丰富的身体数据。在获取相关信息的基础上,我们可以自己动手建立个人健康档案记录。个人健康档案是具备实用价值的。在我国,健康档案的建立进程较缓,大部分人缺少妥善、直观的健康档案资料。此外,医疗机构、社会组织、软件系统建立的档案资料应用面窄、针对性弱、覆盖面小,关键是缺少完整性和连贯性,无法满足过劳者长期监控健康的要求。因此,结合自检与体检数据构建属于过劳者的个人健康档案是必要的。

建议将个人健康档案分为六个模块，通过电子化档案进行查阅、更新和存储，Excel 表格和 Access 数据库足以满足档案需求。

第一模块为个人信息，包括除基本信息外的健康状况和健康问题概述（见表 1-1）。

表 1-1　　　　　　个人健康档案 - 个人信息表

个人健康档案建立日期
姓名
性别
婚史
生育史
健康状况
健康问题
档案记录最新截止日期

第二模块为家族病史追溯，包括父母双方家族的遗传性病史（见表 1-2）。

表 1-2　　　　　　个人健康档案 - 家族病史追溯

父系家族	遗传病史	母系家族	遗传病史
父亲		母亲	
奶奶		外婆	
……		……	

第三模块为个人病史记录，是整个健康档案最关键的部分。通过整合、梳理病史，对比病症发作规律及治疗记录，可以判断身体情况（见表1-3）。

表 1-3　　　　　　　个人健康档案 – 个人病史记录

日期	疾病	状况	治疗情况	备注
2021.7.1	发烧	严重	某某医院	天气原因
2021.9.19	胃溃疡	轻微	某药物	剧烈饮酒
2021.11.20	胃病	中度	自愈	辛辣食物

第四模块为体检记录，自行归纳出体检周期和特定项目类型（见表1-4）。

表 1-4　　　　　　　个人健康档案 – 体检记录

体检日期	体检项目	体检单位	结果	备注
2020.7.1	全身体检	某某医院	正常	……
2020.12.5	血常规专项	……	正常	……
2021.7.2	全身体检	……	高血压	……
2021.9.23	血沉检测	……	正常	……
2022.7.1	全身体检	……	……	……

第五模块是职业与生活习惯记录，通过发现职业病和生活陋习，可以找到解决过劳的直接方式（见表1-5）。

表 1-5　　　　个人健康档案 - 职业与生活习惯记录

时间	工作单位	工作环境	工作时长	睡眠时间
2020.3.6	某某公司	久坐，办公室	12 小时	5 小时
……	……	……	……	……

第六模块为饮食习惯记录，不良的饮食习惯往往是某些疾病的根源（见表 1-6）。

表 1-6　　　　个人健康档案 - 饮食习惯记录

时间	饮食	饮食时间	健康问题	备注
2020.4.13	火锅	21：00—23：30	胃痛	
2020.4.18	冒菜	12：00—13：00	胃溃疡	
……	……	……	……	

六大基础模块基于过劳者的工作特质，将多种数据合并总结，为身体建立个人档案。除此之外，过劳者还可以根据具体情况，增加或减少档案模块，适应性地对个人健康资料进行归档保存。

气质拯救计划

长期高强度的工作，经常熬夜加班，会导致心理压力大，焦虑等不良状态。很多处于过劳状态的职场人，整个人的体态和气质会变得憔悴、沉闷。双目无神，面无表情，耸肩塌腰、驼背缩颈，从体态到气质都显得颓靡，让人觉得非常没有精气神。

小陈今年24岁，是一位工作不到半年的职场新人。入职第一周，她对职场充满期待，每天早晨都在纠结自己的穿着，还会提前一小时起床梳妆打扮、收拾仪表，光鲜亮丽地出门。一周后，小陈不再纠结每天穿什么，也不再提前起床准备，连续加班一周后，她每天只想多睡半小时。

现在的她几乎放弃了形象管理，因长期加班，生活节奏变得紊乱，身材也逐渐变样走形。小陈经常自嘲，自己一个97年的妙龄少女，上班时的精神气质像个79年的"职场老人"。即使每天补充胶原蛋白和维生素，但日渐加深的黑眼圈和隐约后移的发际线，不断吞噬着小陈的职场自信。

一般情况下，过劳导致的容貌变化和气质削弱都在所难免。

初入职场的热情会随着过劳情况的加深而降低。长时间、高压力的工作节奏不断带来消极的外貌管理。悲哀的不仅是镜子里愈发老态的面容，还有日渐萎靡的精神气质。消极的身体变化会对过劳者的职场积极性造成严重打击，空洞茫然的眼神，面无表情的脸，无不反映出处于过劳状态下职场人的无奈。

更为窘迫的是过劳者很难打破气质变化带来的"恶性循环"。当无意识流露的丧气感反映在疲惫的体态和形貌上时，难免会被同事、领导发现和讨论。被现实工作夺走活力，又进一步固化着"体态不好""气质差"的刻板印象。久而久之，工作的时长越久，过劳者越难摆脱漩涡泥潭。

因此，通过主观地提升个人气质，既能让人焕发自信，也能改变他人对自己的印象。根据过劳者的实际情况，很多影响气质的重要因素均源于工作，然而，在无法改变职业条件的前提下，打破恶性循环、挽救个人气质只能依靠自己。

从个人角度来说，拯救气质分为三步：过劳者首先需要认识自我；再坚持改变，打破固有印象；最后改变体态，完成气质定位。

拯救气质的第一步是认识自我。人们的自我认知是有偏差的，特别是在判断气质类型方面。我们认为的与外界感知到的存在一定差异，所以需要从客观层面了解自己的气质类型。气质分类中，以古希腊医生希波克拉底的分类最为著名，即多血质、胆汁质、黏液质和抑郁质（见表 1-7）。

表 1-7　　　　　　　　个人气质类型分类

气质类型	特点
多血质	有朝气、热情、活泼、变化无常、粗枝大叶、浮躁
胆汁质	平静克制、生活规律、埋头苦干、因循守旧、缺乏热情
黏液质	热情、直爽、精力旺盛、脾气急躁、激烈、冲动、外向
抑郁质	小心谨慎、观察细致、思考透彻、孤僻、敏感、优柔寡断

拯救气质的第二步是坚持改变，打破固有印象。工作过劳会逐渐形成封闭循环的认知环境，初始热情的工作状态会不可避免地陷入消极情绪。打破循环的方式是坚持改变职业形象。

职场形象是代表个人职业气质的符号。例如，深色系的服装体现了沉稳的工作个性；艳丽的服装展现积极向上的工作作风；浅色的着装预示着严谨专业的工作态度。因此，不同的外形装饰潜藏着职场人求新求变的心态。

从改变自己的形象开始，无论是穿衣风格，还是发型首饰，过劳的职场人都需要用新的形象来获取新鲜感。女性在缺乏化妆时间时，外在形象的更新可以打破职场固有印象，为沉闷的气质注入活力。

拯救气质的第三步是体态修正。如果气质是一个人的内在精神体现，那么体态就是固化气质的关键途径。含胸驼背的职场人往往萎靡不振，抬头挺胸的仪态总能获得好感。标准优美的体态有章可循。侧身而立，从上至下，我们的身体可以分为五个关键节点，依次为：耳垂点、肩部点、臀部中心点、外膝部点，以及外脚踝点。标准体态下，这五个节点几乎在一条直线上，整个人会显得形貌昳丽，精神饱满。

相反，如果五个节点偏离较大，不成直线，即使站直，人也会疲态尽显，气质全无。识别五个节点的方法很简单，我们需要双脚与肩同宽，自然站立，拍下侧身照，再连接起五个关键节点。初始情况下，五个节点很难呈现一条直线，过劳者的身体甚至会出现明显的驼背和探颈问题。

因此，识别体态问题是改善的前提，而有效的锻炼可以准确修正错误的骨骼、肌肉的发力方法。弯腰驼背的针对性锻炼方法是靠墙踮脚。人的脊柱是个整体，弯曲的腰部会带动整个脊柱的弯曲。因此，我们可以将整个背部紧贴在墙上，同时双手自然下垂，微踮脚尖，保持脚后跟、腰部、后背、后脑勺接触墙壁，保持三秒后再恢复原状。每天早中晚三回，每回30~50次，可以有效纠正弯腰驼背症状。

探颈问题是影响体态端正的关键。很多过劳工作者会不由自主地探颈，久而久之，形成了糟糕的形体习惯。解决探颈的方法是"俯身飞鸟"锻炼法。首先保持身体放松，双腿微屈，上身挺直向前弯曲约45°。再保持双手垂直向下，可在负重情况下缓慢地水平抬升双臂，锻炼背部和颈部肌肉。俯身飞鸟应每天做两回，每次抬升40次，可以缓解探颈的坏习惯。

除了上述两类形体坏习惯外，还有圆肩、含胸、骨盆前倾等问题，过劳者应根据实际情况选择正确合适的锻炼方法。验证体态是否规范的方法依然是五点法则，通过不断测试身体五点是否成直线,过劳者可以监测体态修正进程。最重要的是要形成习惯,利用碎片化时间完成锻炼。

总的来说,气质属于内在美和精神美,它是我们对待生活和工作的外化表现。同样,气质往往是身体过劳化过程中容易被忽略的问题。通过拯救自我气质,过劳者可以完善身体优化的最后一步。

吃很重要

有规划的饮食

食物是维持身体机能运转的重要能量来源,我们需要定时、定量地摄入足够的营养,以保障每天的能量消耗。然而,随着过劳化的加重,各行各业的工作者都出现了饮食失衡的现象,其中,不规律的饮食是最严重、最明显的问题之一。相对于其他饮食失衡问题所带来的不良影响,不规律的饮食习惯主要表现在进食时间与进食量上。

早餐是一天中最重要的一餐。从古至今,"二膳"(即早晚两餐)制就已经是主流的饮食习惯。身体经过长时间的睡眠休整,早餐在唤醒身体机能的同时,也在迅速补充能量,为上午的工作提供动力。但对于过劳者而言，能否享用早餐却是未知的。

李女士是一家证券公司的销售业务员，每天在闹铃声中挣扎着起床，机械化地洗漱、穿衣、出门。时间来得及、运气好的情况下，她会在家附近的路边摊上买一份煎饼果子，挤上人潮汹涌的地铁。地铁禁食，李女士只能捂着早餐在车厢中等待，到站后又马不停蹄地赶往公司。等她打完卡，刚坐下，堆积如山的工作又再次剥夺了她的早餐时间。一个多小时后，当李女士手上的工作终于告一段落时，办公桌上的煎饼果子早已凉透。

快节奏、高压力的职场生活不断侵蚀着本应食用早餐的时间。马先生是一名基金管理公司的经理助理，由于工作类型的原因，他需要时刻关注着手头的项目进程。从业五年来，他食用早餐的次数屈指可数。每天一睁眼就被工作项目包围，饮食时间被不断挤压。长时间不吃早餐，马先生会不知不觉地在午餐时间摄入过多的食物，甚至暴饮暴食。无形之中，食物带来的热量在体内堆积，身体也不可避免地发福。

不少处于过劳状态中的人，已经没有时间和精力享受早餐带来的益处。大部分情况下，过劳者甚至只能忍饥挨饿，在繁忙的工作中期待午餐的到来。这样的作息反而进一步破坏了过劳者的饮食规律，导致其体重增加，甚至带来了消化不良、腹痛腹胀、胆囊结石等问题。

过度劳累同样会影响到晚餐。日出而作、日暮而息的生活节奏已经被打乱。深夜,不少城市的商务写字楼依然灯火通明。疲累的不仅仅是整个城市,还有过劳者被忽略的胃。刘先生供职于一家互联网科技公司,近几个月来,他和 20 多位同事正忙于开发程序的新项目。工作到 7 点,身为项目组长的刘先生习以为常地打开手机,开始为所有同事点外卖。外卖包括了晚餐和夜宵,咖啡更是每餐必点。临近项目结尾时,刘先生的项目组甚至会熬到凌晨。

一项由中国食品科学技术学会乳酸菌分会、江南大学食品学院、零点研究咨询集团等单位联合进行健康调研报告显示,只有 26% 加班白领能做到三餐饮食规律,39% 的加班族不吃早餐,21% 的加班族不吃晚餐[1]。而外卖、晚食、超量,长期不规律的饮食习惯往往会带来严重的身体疾病。肠胃问题是最初步的症状,随之而来的是高胆固醇、肥胖等不良后果。不规律的饮食习惯虽然不是胃病的主要病因,却是大多数胃病的诱发因素,例如晚食会增加胃癌的发病率。

在忙碌的工作中,很多人不重视自己的一日三餐,总是随随便便应付了事。实际上,一天什么时候进食,每餐吃什么,吃多

---

[1] 杭州味全食品有限公司. 加班一族肠道健康调研报告 [R]. 中国食品科学技术学会乳酸菌分会,2015.

少，都需要进行合理的规划，才能保证身体健康，精力充沛。

时间规划是应对不规律饮食的第一道安全门。如果长期处于过劳状态下的人想达到早晨清醒、白天兴奋、晚上困倦的良好作息目标，就要学会规划饮食时间。

早餐的时间应在醒后一个小时内，通常以吃饱为主要目的。早餐时间的时效性有助于促进新陈代谢和身体机能复苏。实际情况下，很多过劳人群的早餐都晚于醒后一个小时，甚至因为工作原因拖延到几个小时后。另一方面，还有不少人完全没有时间准备早餐，只能空腹应对上午的工作。面对类似问题，我们可以通过调整睡眠时间和早餐类型来达到目的。例如提前十分钟起床，提前准备好早餐，选择方便即食的早餐类型等，以便为饮食提供足够时间。

午餐时间应安排在 11 点至 13 点，一般以缓解饥饿为主要目的。同样，午餐需要及时，避免因工作而拖延用餐时间。晚餐一般在 18 点至 20 点，不宜过晚，以滋养身体为主要目的。加班人群应该避免食用夜宵，面对深夜饥饿的问题，可以食用谷物和优质蛋白质食物（如燕麦片、牛奶、坚果等）果腹。

规律饮食还需要对量进行把控。早餐、午餐、晚餐的摄入量比值一般为 30% : 40% : 30%。早餐以饱腹、均衡为主；午餐以质为主，切忌过量；晚餐以补充蛋白质为主，同样不应过量。除此之外，三餐需要根据不同的职业类型和实际情况进行调整。

最后，规律饮食需要做实际的细微调整，包括一些额外的饮食习惯，例如三餐之间可以嵌入合适的饮食过程。早餐与午餐间隔较长，可以选取合适的时间点饮用咖啡、绿茶等饮品，以提高工作注意力。午餐和晚餐之间可以吃一点坚果或能量棒，防止体能下降。入睡前同样可以饮用豆奶，可以使血管放松，起到额外的镇静作用，帮助入眠。

饮食不规律是过劳者面对的第一大问题，三餐及适量的用餐标准被繁忙的工作蚕食。应接不暇的任务和项目让人们忽略了生活的最基本要求。当我们没有能力对工作说"不"的时候，需要做的就是坚持维护好规律的饮食习惯，保持规律的用餐时间和进食量。

品类多样不挑食

在这个普遍过劳的时代，劳动者承担的工作越来越多，而快节奏的生活方式却引起饮食习惯和摄入营养的单一化，打破了体内各元素的平衡，导致了疾病的产生。

食物是人类精力的来源，人的口味复杂多元，食物品类要多样化，才能保证每天营养元素的摄入量，保持膳食均衡，维持身体健康，满足工作、休闲等各类活动的需要。如果想要保持精力充沛，最好做到食物品类多样，不挑食，以谷物为主食。

从营养学角度来说，食物可分为谷薯、蔬果、动物性食品、大豆坚果、纯能量五类。品类多样是指人每天的膳食应当囊括这五大种类。

《中国居民膳食指南（2022）》推荐，除了烹调油和调味品外，中国居民宜平均每天摄入12种以上食物，每周25种以上。其中平均每天2种奶、大豆、坚果类食物，3种以上谷薯类、杂豆类食物，3种以上鱼、蛋、禽肉、畜肉类食品，4种以上蔬菜、菌藻和水果类。平均每周10种以上蔬菜、菌藻和水果类，其余奶、大豆、坚果类食物，谷薯类、杂豆类食物，鱼、蛋、禽肉、畜肉类食品各5种以上。每天摄入谷薯类食物250~400g，其中全谷物和杂豆类50~150g，薯类50~100g。①

而要达到这些要求，可以选择制作含有多种食物的菜肴或膳食，比如八宝粥、春卷、杂烩。这里有三个小技巧：第一，以面食为主食，可以在和面时加入奶、蛋、菜汁、粗粮粉或豆粉等；第二，在蒸饭、煮粥时，加入豆类或粗粮，如红豆、绿豆、花生、糙米、燕麦、小米、杂米；第三，煲汤、炖菜、调馅、凉拌

---

① 膳食纤维.中国居民膳食指南［J］.广西质量监督导报，1997（8）：8.

时，可以荤素搭配，选择性加入多种适合的食物，如煲汤时加入萝卜、莲藕、山药等耐久煮的根茎类蔬菜，在炖肉时加入白菜、玉米、胡萝卜等各类蔬菜，在做凉拌菜时加入坚果等。

还要注意，每餐都应该保证有谷物类主食。无论在家吃饭还是外出就餐，都不能忽视主食。如果是外出点餐，宜先点主食和蔬菜类。如果用餐快结束时主食才上桌，就吃不了多少主食了。

为了保证人体营养全面，身体健康，能够承受工作带来的负荷，我们需要做到食物品类多样不挑食，以谷物为主食。人体必需的营养成分达 40 余种，每一种食物的营养成分种类、含量各不相同。单凭一种食物或几种食物并不能够满足人体全部的营养需求。只有食物多样，才能最大限度地满足人体的需求。以谷物为主食，是因为谷物富含碳水化合物、蛋白质、维生素 B，是最经济、合理的能量来源。而杂豆和薯类虽然含有的营养元素和谷物稍有不同，但同样富含碳水化合物，可作为谷物的补充，满足主食多样化的需求。

食物品类多样化能够让人更好地吸收食物的营养。不同的食物含有不同的营养成分，将两种或两种以上的食物混合食用，它们所含的营养成分能够互相补充，达到更好的比例，促进吸收并提高利用率。例如，大米中的赖氨酸含量很低，大豆中的赖氨酸含量很高，两者一起食用，就能够弥补只吃大米所缺乏的赖氨酸。此外，食物种类多样化还能够有效避免单一食物中有毒物质的积累，降低长期摄入有害物质的风险。

但如今生活节奏加快，很多人忙于工作，三餐都吃得非常敷衍，难以顾及食物种类多样化和以谷物为主食。这会导致营养摄入不均衡，增加慢性非传染性疾病的发生风险。如以肉食为主，果蔬类食物缺乏，维生素、膳食纤维和无机盐的摄入不足，会导致肥胖、便秘、牙龈出血、骨质疏松等问题，还会加重肠胃负担。如全素食或纯素食，缺少蛋白质、脂溶性维生素（维生素A、维生素D、维生素E、维生素K）和铜、铁、锰、锌等矿物元素，会导致蛋白质营养不良、缺铁性贫血、免疫力降低、衰老速度加快等问题。

再强调一次，如果想每天精力饱满，就要先从吃开始，品类多样不挑食，以谷物为主食。

果蔬豆奶必选项

蔬菜、水果、奶类和豆类食品是平衡膳食不可缺少的重要组成部分。多吃果蔬、豆类、奶类能强壮体质，有效缓解过劳给人体带来的冲击。《中国居民膳食指南（2022）》建议，每天蔬菜的摄入量保证在300~500g，其中深色蔬菜应占一半；每天新鲜水果的摄入量保证在200~350g；每天奶制品的摄入量应相当于

300g 液态奶；适量吃坚果，数量控制在一周 50~70g；经常吃豆腐、豆干、豆浆等豆制品。

随着经济的增长，中国居民生活消费水平逐步提高，生活节奏加快，饮食习惯和营养摄入更倾向于食用动物性食品，蔬菜摄入量下降，水果、大豆、奶类的摄入量不足。而蔬菜、水果的摄入量不足，会增加死亡的风险。

尤其是当人处于高压力、高疲劳状态时，往往更倾向于外出就餐或点外卖，而非自己在家烹饪饮食。在家烹饪能够选择更多种类的蔬菜和水果。外出就餐往往会选择重油重盐的肉菜，以及能够快速补充能量的高碳水化合物食物，导致蔬菜、水果的摄入量不足。

如一名 31 岁的白领，因为上班太忙，早饭、午饭都不好好吃，下班晚了，心情不好的时候，就选择吃口味很重的四川火锅、烧烤、麻辣烫，且点的多是肉菜。后来，在一次例行检查中查出甲状腺结节，后确诊为甲状腺癌。这都是不良饮食习惯导致的。

世界各国居民膳食指南都推荐优先将蔬菜、水果、大豆、奶类作为摄入的食物种类。这是因为新鲜的蔬菜和水果能量低，微量元素丰富，能够满足人体的多种需求。富含蔬菜、水果的饮食模式能够保护血管，有效降低心脑血管疾病、慢性疾病的发病风险。蔬菜、水果的摄入不足容易造成膳食纤维不足，维生素 C、维生素 A 的缺乏，导致便秘、牙龈出血、影响皮肤及黏膜功能。也有不爱吃蔬菜的儿童，经常口腔溃疡、嘴角溃疡。成年人若蔬菜、水果的摄入量不足，也会经常长痘痘。

关于蔬菜和水果的摄入量，可以每餐一把蔬菜，每天一个水果。最好选择应时应季的蔬菜、水果，不但价格便宜、新鲜，也更符合中国传统的饮食理念。关于食用蔬菜的选择，建议多吃深色蔬菜。因为深色蔬菜的营养密度往往高于浅色蔬菜，如绿叶菠菜、紫甘蓝等。此外，建议不要以果汁或蔬果汁代替蔬菜、水果来食用。因为直接吃蔬菜、水果更能够保证膳食纤维的摄入，而榨汁不但会破坏其中的营养成分，还容易为了口感而在果汁或蔬果汁中添加糖，导致糖分摄入过多。

食用蔬菜可以采用凉拌、蒸煮、简单焯水等方式进行烹饪，烹饪的时间不宜过长，也尽量不要将蔬菜切得太小块。这样既能最大限度地保留蔬菜的风味，也能尽量减少其中的营养成分流失。

大豆类食品富含优质蛋白质、维生素 E 及人体必需的脂肪酸，奶类富含钙、优质蛋白质和维生素 B，二者都能改善人的营养状况。大豆类食品的摄入不足，会影响心脏的健康，弱化人体的肾脏功能。对于女性而言，豆制品中富含的大豆异黄酮与雌激素的结构相似，能够刺激雌激素的分泌，改善女性雌激素分泌不足的状况，让女性保持年轻活力。

中国的传统饮食习惯较少食用奶制品，对于钙质的摄入不足，而钙质是人体的重要组成元素。缺钙容易导致儿童骨骼、牙齿生长发育不良，成年人易腰酸背痛、经常抽筋。每天摄入大约300g液态奶的奶制品能够补充钙质摄入，强健骨骼。

豆制品和奶类食品的选择丰富多样，有豆腐、豆芽、腐竹、豆干、豆浆、牛奶、酸奶、奶疙瘩、奶片，等等。选择每日的豆制品和奶制品时，可以任意挑选，也让食物搭配更有趣味性，提高每日食用豆制品和奶制品的兴趣。

坚果富含脂类、多不饱和脂肪酸和蛋白质，常吃坚果能改善脑部营养，提高记忆力。据《美国新闻与世界报道》门户网站发布的世界上最受欢迎的饮食排行榜，最佳饮食方式之一的地中海饮食就建议人们多食用富含坚果的食品。但要注意，每天的坚果食用量约为成人手握一小把，过量食用容易导致发胖。所吃坚果最好不要添加油、盐、糖等，否则会导致所摄入的油脂、盐分和糖分摄入过多。

蔬菜、水果、豆类、奶类都是我们饮食中的必选项。尤其是对于过劳者而言，更应该维持膳食均衡，摄入更充足的营养，以保持身体健康。

限制动物性食物

当人的工作负荷过重时，更需要保持健康的饮食习惯，从食物中摄入身体必需的营养元素，以保持精力充沛。人从动物性食物，如鱼、禽、蛋、肉中摄入蛋白质、脂类、维生素等营养元素，满足人体需要。

但此类食物的脂肪含量普遍较高，一部分含有较高的饱和脂肪酸和胆固醇，食用过多容易诱发肥胖和心脑血管疾病。而肥胖和心脑血管疾病是导致部分过劳者猝死的直接原因。也就是说，过度摄入动物性食物会加重过劳风险。因此，动物性食物食用应适量，不宜过多。

一位30岁的创业者张先生，向来身体健康。但近一年来，因工作繁忙，没日没夜地加班，他吃饭都靠外卖、盒饭应付，且主要是大鱼大肉之类的"硬菜"。在一次体检中，他检查出甘油三酯和低密度蛋白胆固醇严重超标。这些都是血管疾病的危险因素。

据《中国心血管健康和疾病报告2019》报道，中国大约有3.3亿心脑血管疾病患者，心脑血管疾病死亡率多年来一直居高不下。越来越多的人患心血管疾病，原因与张先生一样，与不健康的饮食习惯有关。

《中国居民膳食指南（2022）》建议，人每周鱼肉和畜禽肉的摄入量为各 280~525g，总量不超过 1100g 为佳；蛋类摄入量为 280~350g 为佳。以鸡蛋为例，每周个数不超过 7 个。

如何控制动物性食物的摄入？

明确每周动物性食物的摄入总量，制定每周食谱，将这些食物量分散到每一餐。最好每餐都安排有肉食，每天都安排有蛋类。种类上，每天动物性食物的种类在两种及以上为佳。这样能发挥蛋白质的互补作用，使人体更好地吸收蛋白质。

尽量在家就餐，掌控动物性食物的摄入量及烹饪方式。了解常见食材的重量，或者购买有明确重量的食材，对掌握食物的摄入量很有帮助。比如一只宰杀好的鸡一般在 1.5~2kg。在烹饪时将大块的肉分成小块再烹饪食用，如果是烹制好的肉，最好分成小块再食用，这样就能够明确自己大致的摄入量，避免摄入过量。烹饪方式以蒸、煮、涮为主，减少煎、炸，避免长时间高温烹饪，导致营养成分流失，甚至产生高危致癌物。很多人和张先生一样，忙于工作，不得不在外就餐，可以选择口味清淡的菜品，粤菜、淮扬菜等讲究食材本味，对食材加工较少的菜品是不错的选择。

选择健康来源的蛋白质和脂肪，优选植物性蛋白质和植物脂肪。豆类及豆制品都是优质植物性蛋白质，可在日常饮食中添加其作为蛋白质的主要来源。豆制品的摄入量控制在每周 4 份，每份 180g 以内。

增加植物性蛋白质的摄入量，有助于延长人的寿命。将饮食中的动物性蛋白质换成植物性蛋白质能够降低死亡风险，将饮食中的动物性脂肪换成植物性脂肪，能够降低血液中的胆固醇含量，减少中风的风险。高豆类食物的摄入，可以有效预防心脑血管疾病，降低冠心病、中风的发病风险。

荤菜优先选择鱼、家禽等白肉，减少牛肉、羊肉、猪肉等红肉。鱼类、禽类的脂肪含量相对较低，鱼类还含有较多的不饱和脂肪酸，在一定程度上能够预防血脂异常和心脑血管疾病。每周摄入 2~3 份鱼类及海产品，有助于降低心脑血管疾病的发病风险，有利于心脑血管的健康。

红肉富含饱和脂肪酸、血红素铁，过高的红肉摄入量会增加心脑血管疾病的发病率及死亡率，还会直接影响 BMI 和腰围，诱发癌症。早在 2015 年，红肉就被国际癌症研究机构（IARC）列为ⅡA 类致癌物（可能对人类致癌），红肉更是导致消化系统癌症高发的一大危险因素。吃红肉首选脂肪含量较低的精瘦肉，而非脂肪含量高的肥肉。

吃鸡蛋要吃蛋黄。很多健身人士认为蛋黄的胆固醇含量较高，吃鸡蛋时会只吃蛋白，不吃蛋黄。实际上，只要不过量摄入，吃蛋黄不会影响人体健康，反而对健康有益。蛋黄中富含维生素和矿物质，尤其是磷脂和胆碱。磷脂能活化细胞，维持新陈代谢，改善血液循环，预防心血管疾病；胆碱可穿过血脑屏障，有益于大脑健康。

肝脏等动物内脏同样需要定期摄入，但也要适量。一般每月食用两三次，每次 25g 左右即可。需要定期摄入动物内脏是因为其富含脂溶性维生素、B 族维生素、铁、硒、锌等，能够弥补日常膳食的不足。但其中同样富含脂肪和嘌呤物质，易诱发肥胖和痛风。

应当少吃或尽量不吃加工肉类。加工肉类指的是经过烟熏、腌制、盐渍或添加其他化学防腐剂等精加工过的肉类，如培根、火腿、香肠。这类食品往往含有较多的盐、饱和脂肪、胆固醇、多环芳烃、杂环胺等，食用过多会影响身体健康。如熏肉在制作过程中往往容易被多环芳烃类和甲醛污染，而多环芳烃类和甲醛具有毒性、致癌性。需要注意，市面上一些"素肉"，打着素食的旗号，但实际上为了制作出肉的口感，往往过度加工，添加了大量的油、盐、糖，反而增加了身体的负担，不利于身体健康。

油、盐、糖、酒少摄入

想要维持身体健康,保证每天精力充沛,那么就应该选择清淡饮食,减少盐、油、糖、酒的摄入量。

辛苦工作了一天后,人们往往会选择来一顿烧烤,或者一杯奶茶来犒劳自己。烧烤高油、高盐,奶茶糖分过量,二者的热量都很高,能快速补充人体消耗的热量。

但这是一个陷阱。

在疲劳或睡眠不足的状态下,人更倾向于选择高热量的食物。高油、高盐、高糖的食物往往升糖指数更高,在快速补充身体能量的同时,其更美味的口感能激发食欲,在食用时产生愉悦感。而为了满足这种愉悦感,人们会在不知不觉中增加进食量,食用超过自身需求的食物,从而导致肥胖。

高油、高盐、高糖都会对人体造成损害。高油会增加慢性疾病的发病风险,高盐会增加发生心脑血管意外的风险,高糖容易导致龋齿和肥胖并增加患糖尿病的风险。因而,健康的饮食应当少油、少盐、控糖。

少吃高盐的食品,每天食盐量控制在 6g 以内。[①]

---

① 文中盐、油、糖、酒、水的摄入量数据均参考《中国居民膳食指南(2022)》.

一般来说，盐指的是钠盐（氯化钠）。而高钠盐饮食与高血压直接相关，低钠盐饮食能够降低血压，有效预防和控制高血压的发生，降低心血管疾病的发病风险。用钾盐代替钠盐是一种减少钠摄入量的有效方式。

减少盐的摄入量不仅仅指的是食盐这一种调味料，还包括其他含有食盐的调味料，如酱油、蚝油、味精、蛋黄酱等，还有酱菜等其他腌制食品和口味过咸的食品。一般来说，10ml酱油中含有3g食盐，10g蛋黄酱中含有1.5g食盐。在制定每日菜谱时就应统筹规划好每天的食盐摄入量，分配到每一餐每一个菜中。烹饪时食用量具来判断摄入量会更为准确。如果认为这种做法太过麻烦，可以在烹调时尽量选择少放盐或者不放盐，其他含盐的调味料同理。如果不习惯少盐饮食，可以在烹调时或食用时，在菜品中加入少许醋，增加菜品的鲜味。

少吃或不吃酱菜、腌制食品及口味过咸的食品。食用这些食品时最好看看食品包装，一般包装上都会注明食盐的含量，通常都会超出人体每日摄入标准。警惕一些咸甜口的食物或尝起来不咸的食物。这些食物可能会在制作过程中加入糖来遮住咸味，使得其中含有大量的食盐，却不易被人察觉。

少吃高油的食品，每天烹调油的使用量控制在25~30g，每天反式脂肪酸的摄入量控制在7g以内。

减少油的摄入包含两个方面：一方面是控制烹调油的总量；另一方面是增加食用油种类的多样性，合理搭配烹调油的种类，减少动物油、人造黄油及起酥油的食用量。控制烹调油的总量，可以使用带刻度的油壶，控制每次烹饪时放入的油量。同时，蒸、煮、炖、拌等烹饪方式也有助于减少油的摄入。如果是需要炸的菜品，煎炸的用油量能比油炸少。

我们生活中的食用油一般按照来源分为动物油和植物油。动物油主要源于牛、羊、猪等，植物油则源于花生、大豆、玉米、菜籽、山茶籽、亚麻籽等。一般来说，动物油主要含有饱和脂肪酸，植物油主要含有不饱和脂肪酸。食用动物油非常容易造成人体内脂肪堆积，导致血管硬化，引发心血管疾病。与动物油相比，植物油更易被人体吸收，可减轻心血管疾病的发病风险。

从某些高脂肪鱼类，如海产肥鱼身上油脂中提取的鱼油是动物油中的例外，富含不饱和脂肪酸。食用此类鱼油能够维持正常大脑的发育和功能，起到改善认知能力和记忆力，保护心脏、缓解炎症、改善心血管的作用。

用植物油代替动物油，能降低血液中低密度脂蛋白（LDL）胆固醇含量，保护心血管，降低动脉硬化风险。虽然都富含不饱和脂肪酸，但不同种类的植物油含有的不饱和脂肪酸不同。橄榄油、茶油、菜籽油以单不饱和脂肪酸为主，葵花籽油、玉米油中亚油酸的含量比较高，胡麻油（亚麻籽油）中 a‑亚麻酸含量较高。可以经常更换烹调油的种类，或者选取适合的调和油，实现营养的互补，提高营养价值。

需要警惕蛋糕、糕点、薯片、加工肉制品等食物。它们吃起来并不油腻，但通常在制作过程中加入了大量的油。不吃或少吃此类食物为佳，且其中含有大量饱和脂肪和反式脂肪酸。

摄入过多反式脂肪酸会增加患阿尔茨海默病、冠心病、糖尿病等慢性疾病的风险。中国《食品安全国家标准预包装食品营养标签通则》第 4.2 条款规定，人每天的反式脂肪酸的摄入量应在 2.2g 以内，少于每日总能量的 1%，不宜过多食用。

反式脂肪酸指的是工业生产的至少包含一个反式构象双键的不饱和脂肪酸，是植物油通过部分氢化作用而形成的油酸异构体，存在于反刍动物产品和部分水解植物油产品中。奶茶、蛋糕、饼干、沙拉酱、蛋黄派等食品，部分会使用氢化植物油、代可可脂、人造奶油、起酥油、植物奶油、人造酥油等配料，其在生产过程中使用了氢化油脂。一般来说，这些食品都会在营养成分表中注明反式脂肪酸的含量。尽量少食用奶茶、蛋糕等食品，食用时需注意营养成分表中标示的反式脂肪酸含量，选择反式脂肪酸含量较少或没有反式脂肪酸的种类。

少吃高糖的食品，每日摄入量需控制在 50g 以内，以 25g 以内为最佳。

减少糖的摄入量，指的是减少添加糖的摄入。添加糖指的是葡萄糖、蔗糖、玉米糖浆、蜂蜜、浓缩果汁等在制作过程中添加到食品或饮料中的任何糖。添加糖不含除能量以外的营养成分，摄入过量会增加龋齿、肥胖、冠心病、糖尿病的发病风险。因此最好不吃或少吃添加糖。

减少添加糖的摄入主要分为两个方面：一方面是在烹饪过程中尽量少加糖，少吃糖醋、红烧类使用大量糖作为作料的菜品。另一方面，建议减少或杜绝添加糖的饮料、零食的摄入，如含糖饮料、糕点等。喝茶或咖啡时，最好选择无糖的类型。

除了需要控制盐、油、糖等调味品的摄入量外，为了身体健康，还需要严格控制酒精的摄入量。能不喝酒就不喝酒，非得喝酒时尽量少喝。

成年男性每天酒精摄入量最好控制在 25g 以内，相当于 750ml 啤酒/250ml 葡萄酒/75g 38%vol 白酒/50g 高度白酒。成年女性每天饮酒量最好控制在 15g 以内，相当于 450ml 啤酒/150ml 葡萄酒/50g 38%vol 白酒/30g 高度白酒。

饮酒过度会诱发肝损伤、痛风、结直肠癌等疾病，还会增加心血管疾病的发病风险。因为酒含有较多的能量，饮酒过量还会导致其他食物的摄入量不足，使得人体缺乏其他营养成分。饮酒过度甚至会影响神经功能，造成大脑萎缩，诱发痴呆症。

有三类人群是坚决不能喝酒的。第一，儿童、少年。儿童、少年正处于大脑发育期，酒精的神经毒性会影响大脑的发育，在一定程度上减弱认知功能。第二，孕妇。一些父母双方在怀孕前以及怀孕期间饮酒给胎儿带来的影响，被称为胎儿酒精谱系障碍症（FASD）。酒精可能会损伤孩子的大脑和中枢神经，使孩子出现行为障碍和智力发育障碍，如智力残疾或低智商、身高低于同龄人平均水平，记忆力差、学习困难等。FASD患儿甚至有很大概率患上先天性心脏病。因此，怀孕或备孕期间，父母双方都应避免饮酒。第三，特定职业，如驾驶员。饮酒会影响视觉运动和手眼协调能力，哪怕只是喝了少量的酒都会影响开车，可能导致司机判断出错，增加发生车祸的风险。

足量饮水。很多白领在工位上一坐就是几个小时不动弹，很少喝水，导致身体水分缺失，产生忧郁、烦躁、焦虑的情绪，还会出现口干舌燥、浑身乏力、头晕目眩等症状。而睡眠质量较差时，人体也会出现脱水症状，头疼、头晕，需要及时补充大量水分。这些也是过劳的表现。

成年人每天的饮水量最少在1500~1700ml，以白开水和茶水为佳。人体的75%由水分组成，需要摄入足量的水分以满足人体正常的生理功能需求。建议养成每隔一段时间就喝点水的习惯，少量多次，每次一杯（200ml）。更重要的是时刻保持饮水习惯，应避免口渴时才喝水，或者一次性饮用过量的水。因为人感觉口渴时，身体实际上已经处于缺水状态。而一次性饮用大量的水，会影响食物的消化吸收，还有可能引起水中毒，出现头晕眼花、呕吐、心跳加快等症状。当处于高温、干燥环境或大量流汗时，需要相应地增加饮水量，饮用一定量的淡盐水，以补充缺失的矿物质。

控制咖啡的饮用量。每天的咖啡饮用量最好不超过6杯。很多人习惯每天喝咖啡来提神。但喝咖啡只是让大脑"兴奋"起来，并不能使大脑得到休息，缓解身体疲劳。临睡前不宜饮用咖啡以免影响睡眠，反而增加身体疲劳。喝咖啡不能过度，每天1~2杯为宜，6杯已经是过量了。过度饮用咖啡会导致胃酸分泌增加、心跳加速，增加阿尔茨海默病和中风等脑部疾病的风险。

第 2 章

情感：不做工作机器人

修炼好心态

给自己放个假

在过劳产生的负面影响中,不安、焦虑是较为常见的状态。内心的不安和焦虑与工作息息相关:无休无止的加班、遥不可及的假期、不和谐的职场人际关系……我们被无数问题包围,消极情绪越积越多。究其原因,当工作和生活失衡、工作状态延长等问题侵入生活时,人的疲劳感会不断累积,直到引发情绪问题。

微信提示音、短信铃声、手机铃声更是成了焦虑情绪的开关。秦小姐每天回家后,最担心的事情就是手机突然响起。在一家网络公司负责在线业务的她神经紧绷,手机片刻不离身。不仅工作日早出晚归,晚上回家和休息日也需要随时进入工作状态。遇到紧急项目的时候,手机信息更是铺天盖地涌来。

某次,秦小姐回家后过于疲累,倒头就睡,没有及时回复项目组长的消息。第二天来到公司,秦小姐在例会中被埋怨没有工作敏感度，没有尽心尽责。一条条手机消息将她淹没，没有一丝空闲。秦小姐觉得自己像被手机束缚住了，手机一离身就觉得焦虑，担心自己忽略了突如其来的工作。

在科技不断发展的同时，社交工具却成了焦虑等消极情绪的载体，弹出的每一条消息都牵动着过劳者敏感焦虑的神经，唯恐对方说出的下一句话会是又一项自己难以完成的工作任务。手忙脚乱中，消极情绪一再被压缩、堆叠，不安、焦虑似乎无法避免。

"待命"是现代职场人普遍状态。娄先生是一名建筑设计师，每天的生活模块几乎已经固化，加班、24小时待命、无周末已经成为常态。为了完成项目，他不得不延长工作时间，奔波忙碌之下，身体也日渐消瘦，精神萎靡不振。

连续一个月没有休息，娄先生整个人疲惫不堪，工作时经常发脾气，做事焦虑不安，效率极度下滑。繁忙紧张的生活节奏带来了沉重的生活压力。类似娄先生这样的过劳者长期积累负面情绪，直接影响着身心健康。

然而，当过劳者尝试破茧而出，希望远离困顿的工作环境时，却发现焦虑已经无处不在。他们睡觉前和醒来时总是想着工作，害怕出错。每天醒来，昏沉迷茫的不适感就伴随着大脑，紧张、激动、惶恐，心跳加速的不安情绪反反复复，不断涌现。工作完全不在状态，即使吃药也只能勉强缓解，无法根除。

正确地摆脱职业焦虑是过劳者恢复健康生活的途径。

首先，摆脱焦虑需要调整心态。过劳者需要意识到的是，工作是生活的一部分。如果没有适当的焦虑和压力，人就会失去动力，但是如果焦虑和压力超出了自身的承受阈值，会给日常生活带来麻烦。合理面对自己的焦虑情绪是摆脱它的前提；承认自己的心理受到工作影响是解决问题的关键。

其次，当过劳者意识到过劳是引发焦虑的主要原因后，可以通过技巧来削减其影响。面对无法改变的事实，过劳者可以为其设定一个"止损界限"。如长时间待命带来的焦虑情绪，源于我们对未知工作的恐慌，以至于下班后和休息日，我们也会因为手机的消息提示而惴惴不安。

"止损界限"意味着我们可以划分出极限的心理底线，过劳者可以将休息的时间统分为拒接、拒收消息的绝对限界时间。如李某每天晚上下班后还会时不时检查手机，以防错过工作信息。如果将"止损界限"设定为22点以后，他会反思，22点后继续为未知的事情花费时间和精力是否值得。通过提前豁免消极情绪的方法，过劳者可以尝试从焦虑和不安中走出来。当过劳者浪费时间等待工作消息时，通过及时止损，解放精力和时间，打败焦虑和不安。

在初步脱离工作焦虑后，一个提升式的策略是走出圈层。在该休息时给自己放个假，从24小时忙碌的不安中挣脱出来，才能够踏实、安稳地工作，更好地休息、放松。

过劳者不妨在焦虑症状缓解后，尝试阶段性旅行法。周边城市是第一阶段的选择，疲惫的身体只能承受短距离的旅行计划。周末采风和邻城闲逛都是放松身心、缓解焦虑的有效手段。在第二阶段，过劳焦虑可以通过假期旅行得到消解。长时间的工作势必会积攒郁气，一次假期旅行可以预防心理危机。在第三阶段，过劳者需要履行长期的旅行计划，如每年一次长途旅行，每半年一次短途旅行。尝试将旅行纳入自己的生活计划，过劳者可以保持放松的心态。

以上摆脱职业焦虑的三大步骤基于循序渐进的康复理念。心态调整是最初的环节，在意识到工作导致焦虑后，过劳者才能采取行动。"止损界限"是缓解焦虑情绪的技巧之一，根本目的在于缓解心理压力，防止焦虑情绪继续恶化。阶段性旅行法建立在焦虑问题好转的前提下，通过渐进式的旅行计划，纾解焦虑情绪，巩固健康心态。

情绪完全健康的人是不存在的，每个人或多或少、或强或弱地都存在一些情绪问题。而长时间工作会恶化、加深消极情绪。普通人可以利用正常的休息时间缓解情绪疲劳，但过劳者的休息时间被侵占了，几乎很难恢复情绪能量。唯有通过主动式的康复步骤，过劳者的情绪才能保持积极。

焦虑对工作效率的影响呈现倒 U 形曲线走势，焦虑程度过高和过低都会导致工作效率下降。休息是为了更安全地工作，每个人都需要意识到，心理和身体一样，需要时刻补充能量。当紧张、焦虑和劳累同时出现，我们需要即时调适，防止原先的焦虑和不安发展为精神抑郁等症状。

消除待办清单

过劳工作往往带来极大的压力，而这些压力通常是烦躁、易怒等不良情绪的根源。早在 2009 年，中国医师协会等机构汇总整理了中国十余个主要城市的 300 万份健康体检数据样本，发现城市白领心理状态排名前三位的均为负面情绪，分别为疲倦感（49%）、平淡感（46%）和烦躁感（38%）[①]。

如今，烦躁情绪依然是过劳者面临的普遍问题之一。待办清单中怎么也划不完的事项，月月要考核的 KPI，领导不停催促的

---

① 《2009' 中国城市健康状况大调查》结果发布, [J], 中国保健营养, 2010, 12, 12.

项目进度，隔三岔五的接待应酬……太多的压力让人开始焦虑，为一点小事而烦躁，大发雷霆。

35岁的钱先生是一家地产公司的部门经理。三年前，钱先生从上一家公司跳槽，进入新公司后，他拼命工作，通过加班、透支身体提升自己在公司的不可替代性。虽然薪资可观，但是长久的过劳让他整个人显得疲倦不堪。重压之下，钱先生不可避免地产生了焦躁、易怒等情绪。

某天加班至晚上八点，钱先生突然情绪失控，对着下属劈头盖脸地指责起来，而起因是下游环节失误，拖慢了项目周期。回忆起情绪爆发的自己，钱先生却显得不可置信。那些积郁的消极情绪会突然改变一个人，甚至会在家庭环境中被引爆。

烦躁情绪不仅发生在白领工作群体中，对于服务业人员来说，这种情况也时有发生。马先生是一位家电维修的老师傅，前几年开办了一家维修公司，事业走上正轨，开始尝试家电维修全流程服务。令他没想到的是，自从尝试深入服务工作后，愈发感到焦头烂额。

无休止的电话铃声成了公司背景音。从早上开始到晚上10点，马先生和手下的员工不停地接听电话。很多时候他们连晚饭也来不及吃，睡眠质量低下。一次，静悄悄的办公室突然爆发出一声大吼，是某位员工烦躁不堪，只能瞪着布满血丝的眼睛，对着电话抓狂。

同样地,烦闷的情绪危机也越来越年轻化。小宋刚踏入社会两年,在一家建筑公司供职,平日里跟随施工单位东奔西跑,没有休息日,缺少加班费,吃饭没有固定时间,还经常出差。遇到作业任务,每天蓬头垢面,不仅身体劳累过度,精神上同样非常压抑。

面对极高的工作强度,小宋不仅一次萌生想要离开土木行业,转投他行的想法,但都因为心理原因放弃了。面对各种压力和前途危机,他显得异常烦躁,甚至思维僵化,对未来极度迷茫。他经常觉得自己被困在无形的笼子里,只能无力地面对未知。

烦躁、易怒是我们对工作和情绪的无效控制。工作失利、任务积压、加班熬夜,异常的工作状态不断冲击内心情绪的安全线。烦闷急躁感积累到一定程度会破坏正常的工作状态和心理平衡。当过劳者无法有效控制内心的烦躁感时,需要找到宣泄职场压力的方式,调节累积的消极情绪。

消除烦躁的方法基于对内心情绪的把控,包括心理暗示法、短暂屏蔽法、注意力转移法、运动释放法、沟通交流法。

心理暗示法是一种主动的,通过自我暗示、自我鼓励、自我调节的方式来改善心理状态的技巧。在过劳情况下,烦躁情绪大部分源于日积月累的工作压力,积极的心理暗示,有助于缓解高压状态。例如,当我们觉得烦躁不安,甚至消极易怒时,可以采取积极的心理暗示,告诫自己焦躁是短暂易逝的正常情绪,并回想一些积极的事,以缓解工作压力。

短暂屏蔽法同样是保护心理健康,防止情绪爆发的有效方案。其核心在于当过劳者处于烦躁、易怒的状态时,可以刻意屏蔽内心的情绪波动,为自己设置情绪阈值。短暂屏蔽法需要强大的自控能力,同时需要了解自我情绪的崩溃边界。例如,过劳者可以总结情绪失控的情况,设置情绪阈值,如果再出现类似情况,及时停止发泄行为。具体的阈值需要根据情况合理调整。

注意力转移法更适用于自控力稍差的过劳者。当他们因为某件事情心情烦躁甚至无法正常工作时,可以暂时放弃。不同于屏蔽法,注意力转移法需要将精力集中于其他事情,如音乐、电影,甚至家务劳动。通过洗衣、打扫卫生等家务劳动,过劳者能够主动逃离烦躁情绪。当思绪平静下来后,才能够更加理性地应对工作和生活。

运动释放法是常见的缓解焦躁、释放压力的方法。体育运动能够促进身体发热,加快血液循环,有助于平复工作带来的紧张情绪。另外,运动会产生啡肽激素,缓解压力,带给人畅快舒适的感受。长期保持体育运动的人不仅能获得健康的体魄，也能解决焦躁带来的情绪问题。值得注意的是，运动量并不是越多越好，过量运动同样有害，在导致身体疲惫的同时，也会引发内心的烦闷感。

沟通交流法是过劳者消除烦躁情绪的主要方式。消极情绪需要通过某种渠道进行宣泄，而沟通是最为积极有效的方法之一。我们每个人都客观地具备与他人交流的需求和想法。当过劳者遭遇情绪危机时，如果将内心封锁，停止交流，无疑会堵塞情绪宣泄的渠道。因此，正确的做法是与同事、朋友、家人进行沟通和谈心，倾诉自己内心的烦躁点。事实上，解决烦躁根源的方法同样是有效沟通。因为他人的建议可能帮助你打开思路，排解忧愁。

烦躁易怒是当下社会场景中人们普遍存在的情绪问题，这种情绪就像每天的工作和生活中罗列的一个个总也无法清空的待办事项那样令人郁闷。我们无法否认它们的存在，也无法彻底消除消极情绪对自我心理的施压。但是通过以上五种方法，我们可以修复甚至重建情绪框架，如消除待办事项一样，控制烦躁情绪带来的影响。

找到新的乐趣

过劳是当代职场不容忽视的重大问题之一,越来越多的人陷入过劳状态,不仅身体机能受到了影响,心理层面同样遭遇危机。

2013 年,《职业与环境医学》(*Journal of Occupational and Environmental Medicine*)杂志发布了一篇期刊文章,研究调查了 218 名文职人员,建立了工作相关因素和抑郁情绪量表相关联的模型。通过多元逻辑回归分析,研究者发现长时间工作会增加职场人士当前和未来患抑郁症的风险[1]。

类似地,在"过劳大国"日本,厚生劳动省对 2012 年到 2017 年被认定为过劳死的 497 名员工进行统计,调查发现,其中有超过一半的人因抑郁症等精神疾病而选择自杀。这些过劳死案例中,即使没有精神科就诊经历的人,也存在精神状态异常的情况。

过劳与抑郁症等精神疾病之间无疑存在着不容忽视的关联。深究其因,我们发现过劳导致的心理危机远远大于身体问题。一方面,工作压力、职业环境恶劣等情况成为过劳者无法言说、无

---

[1] Amagasa, T., & Nakayama, T.(2013). Relationship Between Long Working Hours and Depression: A 3-Year Longitudinal Study of Clerical Workers. *Journal of Occupational and Environmental Medicine*, 55(8), 863–872. https://www.jstor.org/stable/48509548.

处宣泄的痛苦；另一方面，无法消失的疲劳感逐渐加重，时刻折磨着过劳者的身心。

如果长时间处于过劳状态，会难以逃离自我设置的牢笼。对于一部分深度过劳者而言，"习得性无助"[①]是一种常见的心理状态。面对糟糕的职场环境和巨大的心理压力，他们本来可以主动逃避，却绝望地等待痛苦的来临。抑郁症等精神疾病也由此产生。

当人处于疲劳状态时，容易产生忧郁、悲观等消极情绪，增加患抑郁症的风险，最终被消极情绪压垮。如何规避风险，防止严重精神疾病的发生，成为过劳者需要面对的主要问题，而获取新的乐趣是一种有效的解决方案。

面对日益增加的工作压力，过劳者首先要控制好自己的情绪，阻止忧郁、悲观等消极情绪的蔓延，再从乐趣中转移注意力，从根本上调整消极情绪。

从工作中找到乐趣。在现实生活中，对工作不满意的人比比皆是。我们会因为薪资情况、工作环境、职业发展、人际关系等因素对工作产生消极情绪。但事实是，对工作的满意度与工作本

---

① 指个体经历某种学习后，在面临不可控情境时形成无论怎样努力也无法改变事情结果的不可控认知，继而导致放弃努力的一种心理状态。

身关联不大，我们缺乏的是与工作中的自己和平相处。

某些时候，工作不仅仅是工作，也是乐趣之源。大部分过劳者陷入悲观的原因是工作带来了无尽压力，却又无法逃离。实际上，这种状态意味着情绪被工作所掌控，愁闷、焦躁成了工作的唯一主题。我们要做的就是摆脱消极，寻找工作中的乐趣和亮点。

设立职业目标是找到乐趣的一个重要前提，兴趣和发展齐头并进是最完美的选择，从工作中获得的成就感足以抵御过劳和抑郁。当两者出现矛盾时，我们需要在内心制定一个衡量标准，兴趣、发展、薪资、个人价值、待遇是需要着重考虑的要素。一个平衡的职业目标有助于培育工作乐趣。

成就感是激发工作乐趣的催化剂，设定工作小目标能达到类似的效果。一个有效的方法是将完整的工作分割为多个阶段性的目标，根据实际情况，在完成阶段目标之后进行自我奖励。工作成就感能激发工作热情。对于失去工作乐趣的职场人而言，哪怕一点点成绩和进步也能让他们在身心疲惫时得到抚慰。

工作乐趣相对来说较为局限，我们可以从生活中找到足够的乐趣。但是对于长时间工作的过劳者而言，工作侵占了太多的生活空间，大部分情况下，他们只能在公司和住所之间两点一线地往返，几乎没有空闲时间。加班、熬夜更是家常便饭，灯火通明的 CBD 大楼抗拒着除工作以外的任何乐趣。

面对高压的工作状态，过劳者不妨为生活空出时间，找回节奏。工作是重要的，但生活同样重要。工作和生活的节奏被打乱是产生压力的主要原因，所以平衡工作和生活正是打破困局的有效方式。过劳者可以为自己塑造一种规律性的、节奏性的生活方式，如稳定的三餐、醒睡时间，防止自己陷入无序的节奏中。另一方面，设定"必做事项"也是找回生活节奏的方法之一，如每周看一次电影，每天外出散步，都是寻回生活重心的方法。

在培养出较为平衡的生活节奏后，我们需要依靠兴趣进行自我治愈。周先生是成都某游戏开发公司的项目经理，热爱工作的他经常熬夜加班。在长时间透支体力后，周先生逐渐发现自己力不从心，不仅对项目感到疲惫，而且经常感到心烦意乱。于是，他开始接受心理医生的建议，尝试通过做木匠活来缓解过劳压力。在木屑纷飞中，周先生得到了治愈，简单的工作却带给他充沛的满足感。木工、阅读、烹饪……生活中的乐趣需要我们主动去寻找。当工作带给我们太多压力时，更需要从兴趣中汲取能量。

工作的乐趣源于不断完善自己、成就自己的过程。过劳者面对繁忙的加班和无休止的压力时，需要从工作乐趣中找回自我。一个稳定的职业目标可以帮助过劳者清晰认识到个人价值与工作发展之间的比重。目标分割法则有助于过劳者进行自我激励，达成每段目标会带来兴奋感和成就感。

生活的乐趣在于隔绝工作，享受生活。几乎每一名过劳者都不可避免地混淆了工作时间和生活时间。而乐趣是协助过劳者专注于生活的方式，无论是阅读、游戏，还是手工、运动，都具备分开生活和工作的能力。

由过劳衍生的抑郁等消极情绪需要积极情绪的中和，而兴趣是最直接的获取快乐、自我治愈的关键。寻找和享受乐趣的目的在于培养积极的心态。我们需要学会与自我和解，从有趣的事物中平衡生活和工作。

没有人是一座孤岛

"工作压力很大，不想理任何人，不想说话。我所爱的一切都消失了。"白领刘先生说。因为工作塞满了生活，现实生活中的社交基本已经消失了，他时常陷入阶段性崩溃的困境。

像刘先生这样的情况并不少见。职场人沟通、交流的对象大多是领导、同事、客户，没有时间跟家人见面，跟朋友聊天。在职场生态中，人际关系不稳定会让人产生孤独感。有研究表明，人们越疲惫越孤独，而孤独又会反过来对工作效率造成不利影响，甚至给企业带来恶劣后果。建立更广泛的社交联系，在很大程度上能够消除人的精神疲惫。

不把坏情绪留给家人

过劳者从早到晚都在工作，不仅没有个人休闲、娱乐的时间，连陪伴家人的时间都极为稀缺。在家庭中缺席，也加剧了过劳者的孤独感与疲惫感。过劳者本人及其家人都缺少对彼此的陪伴。

缺少与家人相处的时间，不仅会影响家庭关系的和谐，也会影响到人的心理、生理健康。当人处在持续恶劣的人际关系中（如不良的夫妻关系、亲子关系等）时，会陷入慢性应激状态。这是一种长期、慢性的压力状态。人在慢性应激状态中，常常会耗费大量精力来过度压抑自己的情绪，导致情绪精力的枯竭或透支。外在表现就是在工作中时常感到紧张、枯燥，工作效率降低，在工作后感到疲惫、沉重，严重的会产生消极悲观、轻生厌世的情绪。

最重要的是要在工作和生活中划出一条分界线，不要让工作侵占了和家人的相处时间。在生活中全情投入，不要将工作上的坏情绪带给家人。

高强度的工作往往会侵占子女教育和家庭生活的时间。在一家银行工作的李女士，工作日时每天都要在早上7：20之前赶到公司开晨会，晚上下班后还要开晚会，节假日时还需要排班。

这样忙碌的工作，使得李女士缺少陪伴孩子的时间。李女士的孩子每天晚上要等很久才能等到母亲下班。在寒暑假的时候，也很少能跟母亲相处。李女士的孩子认为自己很孤独，并因此下定决心将来工作要远离母亲所从事的金融行业。

李女士需要做的就是尽量不要将工作安排在休息时间，尽可能多地将时间用在和孩子的相处上。如果在家中还忙于工作，会让家人感觉自己被忽视了，工作比自己更重要。这样对于家人之间增进感情不利。如果没有办法和孩子出游玩耍，那么和孩子一起做家务也是一个不错的选择。将做家务的时间和陪伴孩子的时间合并，能够增加陪伴孩子的时间，增进相互之间的沟通和了解，也能让自己和孩子对家庭更有参与感与归属感。这时就可以敞开心扉，和家人聊一聊自己在工作上遇到的烦恼、不开心的事，但不能因为工作的烦闷而在家中冷脸、发泄坏情绪，拒绝跟家人沟通。

但有时加班往往无可避免，如医疗、警务等职业的工作者通常需要长时间加班。他们的工作和生活往往难以划定明显的界线。医务工作者的工作繁忙程度与金融行业相比不遑多让。陈先生是一家医院的骨科主任，今年已经50多岁了，但仍是每天早上7点上班，下班时间不定，经常一天要做六七台手术。有时为了照顾病人，他甚至要好几天不能回家。据他的孩子说，在过年过节的时候，自己的父亲因为是科室领导，承担了科室的值班工作，导致几乎没有出席过家庭的年夜饭。

这时，需要做的是利用间隙时间与家人联系。通信技术的发展，让人们能够随时随地联系，不受时间、空间的限制。如果没有时间回家跟家人见面，在午饭或其他时间，抽出10分钟跟家人视频通话也是一个不错的办法。

使用一些小技巧，提高工作效率，也能腾出时间陪伴家人，可以让职场人恢复精力，获得更多工作动力。

苏先生在某家私企从事行政工作，需要处理大量材料，并经常需要反复修改，几乎没有按时下班的时候，周末也没有办法休息。当年妻子怀孕，他连产检都没有办法陪妻子。家里的老人、孩子生病了，他没有办法请假，只能靠妻子一个人照顾。因为怕耽误工作进度，他自己生病了也从不请假。孩子的读书问题，学校里的亲子活动、报名也都是由妻子负责。一年到头，他基本没有陪孩子出去玩过。他的妻子对此颇有怨言，认为他为了工作牺牲了太多，这样的生活没有幸福感。苏先生也希望自己不要那么忙碌，能够留出更多的时间陪家人。

如果苏先生能够尝试转换思路，用不同方法去提高工作效率，那么他是能够留出更多时间陪伴家人的。这里可以使用

"二八法则"来帮助他提高工作效率。人的精力是有限的,将"二八法则"运用到工作中,集中80%的精力去完成最重要的20%的工作任务,然后以20%的精力完成80%的次要任务。如此一来,工作效率能够有效提高。

将工作和生活做明显的区分,避免将工作压力渗透到生活中,留出更多的时间陪伴家人。和家人的相处不仅可以使人从工作中解脱出来,让身心得到放松,还是一种对情绪能量的补充,能够恢复人们在工作中消耗的情绪能量,获得更多的工作动力。

将朋友圈转起来

当代青年的时间、精力大多被工作、通勤占据,缺乏时间和老朋友联系,认识新朋友,扩展朋友圈。越来越少的社交生活,容易让人陷入消极情绪中。适当社交可以减轻、愈合这种因缺少社交而对个人精力造成的损伤。

在北京一家外贸公司工作的常女士和她的闺蜜已经有大半年的时间没有见面了。两人都在北京工作,处在同一座城市,却因为各自的通勤时间太长而少有见面机会。常女士跟闺蜜见面,需要在晚上七点下班后,坐一个半小时的地铁,再走20分钟的路。两人一起吃饭聊天,不久又需要花费大约两个小时的时间才能回到家。来回路上需要花费将近四个小时。两人第二天还要早起工作。

随着城市化发展进程的加快，城市也越来越大，延长了人们的通勤时间。再加上频繁且不固定的加班，很多人没有时间和朋友见面聊天。哪怕与朋友在同一座城市也少有见面的机会，更别提不同城市之间的交往了。这使得很多城市里的工作者陷入了社交孤独。他们中甚至有人经常一整天没有和同事以外的人说过一句话。这样的情况不利于社交，会让人变"宅"。这也是近年来"宅"经济发展起来的原因之一。

网络社交的发达在为工作生活提供便利的同时，也弱化了人们见面沟通交流的能力。很多人除了家人、同事以外，沟通最多的人是外卖员和快递小哥。住在同一个小区的邻居之间互不相识，一年到头没有一句话的沟通。

社交的缺乏带来了一个问题——被迫单身。没有时间、精力社交，社交圈子过小，使得很多人接触不到适合的对象。

程序员徐先生在一家科技公司工作。因为工作太忙，30岁的他仍然单身。他几乎每天都加班，早上8点半上班，经常忙碌到半夜才能结束一天的工作。他没有时间和精力去找对象。徐先生也从不会主动联系朋友，约朋友出去。他怀疑自己已经没有了情感，越来越像一台机器，每天只会输出代码。

工作之余选择做一件让自己觉得自豪和喜欢的事情，比如健身、做饭、画画等。这些活动既能让你得到放松，也能吸引同好，扩大自己的社交圈子，从而脱离生活被工作占领的束缚感。

已有对象的人往往也容易因为工作时间过长导致重回单身。

孔女士从事信息宣传工作，经常加班，平时晚上还要将工作带回家做。在工作中耗费大量的时间、精力，使得她很难投入一段感情。她和男朋友是异地恋，要见一面，单程就需要三小时。她希望能在周末跟男朋友一起吃饭看电影，好好地相处。可往往男朋友来看她时，两人最经常做的却是去办公室加班。相处时间不足往往会影响感情的发展，使感情走下坡路。

经常在公司蹲守到加班岗最后一刻的刘先生和女朋友的恋情已经岌岌可危。他白天忙于工作，没有时间与女朋友沟通，而频繁的加班使得他晚上回到家时太晚了，通常女朋友已经睡了。两人极度缺少陪伴、交流的时间，一周七天可能只有一天能说上几句话。感情往往是以沟通交流为基础的。缺乏交流，得不到陪伴，再深厚的感情都会被磨灭。

这时你需要考虑的是，平衡你的工作与生活，思考自己工作的目的。停止焦虑，你可以放下一些无关紧要的工作。利用四象限法则对生活和工作中的事情进行区分，划分为重要、紧急、不重要、不紧急几个方面，明确对自己而言最重要的是什么，自己应该优先做什么。可以暂时放下一些不重要、不紧急的工作，把时间和精力留给情感。

快乐职场的基本功

在现代社会环境中，职场环境占据了很大比重。我们每天要花费大量的时间在工作中。领导、客户、同事构建出了简单的工作圈，也生发出了最基本的职场关系。然而在过劳状态下，人会不由自主地损耗，甚至破坏健康的人际关系。

在职场环境中，"内卷"成为年度高频词汇。它原指某类制度、文化模式达到一定形态后，转而在内部开始进行无效的重建和构造，使之变得更为复杂的过程。职场内卷化特指工作环境中，同事或同行为获取资源、赢得竞争从而付出与收益不匹配的努力。

职场内卷对新人尤为煎熬。小孙是一名应届毕业生，入职某知名家电公司电商运营部已有一个月。丰厚的薪酬是吸引他来这家公司工作的主要原因，入职后，他与另一位女生被分入策划小组。整个组共十多人，负责促销期间的活动策划。

小孙第一天工作结束后准备离开，却发现即使到了正常下班时间，整个小组却没有一个人离开。他不明所以，只好继续待到晚上 8 点后才先行离开。第二天，组长找到小孙，叮嘱他与同事一起参与工作。小孙无奈，完成工作后，又无所事事地待到晚上9点才第一个下班。

第三天，小孙向同组的同事打听情况，才知道整个小组每天平均加班到晚上10点后才陆续离开。问其原因，才被告知因为整个小组是刚组建的，几乎全是新员工，所有人都因为担心试用期不达标被辞退。令小孙难以理解的是，即使大部分的工作都已经完成，他们还是会加班到深夜。

之后，小孙再也没有先行下班，和其他同事一样，每天工作完成后会继续待在公司，直到深夜才跟随同事离开公司。一个月以来，小孙身心疲惫，作为应届毕业生，他同样担心丢失第一份工作，但是高淘汰率的职场环境让整个小组人心惶惶，只能不断内卷，希望获得转正机会。

内卷化在逐渐扩大领域的同时，也在破坏人的工作热情。无意义的加班消磨着工作者的精神。不仅是应届毕业生，老员工同样寄希望于加班，以获得职场晋升的资格，全员内卷由此产生。报表、开会、加班，重复冗余的工作充斥着职场环境，过劳现象愈发严重。

从某种程度上来说，内卷难以避免，而解决该问题的主要方法集中于过劳者自身。首先，内卷化源于人对自身品质的不自信。过度担心自己被取代、失去工作，成为无意义加班的主要原因。案例中的小孙在最后不由自主地加入内卷队伍，根本原因是对自身能力的不自信。内卷化的职场环境具备强大的驱动力，感染着内部每一个人。其次，从固化的环境中脱身的方法是找到自己的赛道。过劳者和受内卷影响的职场人需要寻找属于自己的赛道，例如演讲能力、分析能力、表达能力等。赛道不同于无意义的重复加班，而是在某一领域提高自己的能力。赛道是获得竞争力的实质途径，而内卷只是竞争环境下的跟风行为。从本质上而言，独特的能力和特有的技能才是成为职场不可替代者的关键。

专属能力、技能是打破内卷行为的基础，在展现独特之处后，过劳者才能对不合理的要求和过度的内卷现象说"不"。例如，重复劳动和无意义的加班对每个人而言都是消极的职场行为。在明确类似不合理的工作范畴后，受过劳影响的人可以从客观角度提出疑问并表明态度，减少内卷环境对自我的消极影响。

职场环境中的另一个消极因素是职场冷暴力。近年来，职场冷暴力的倾向愈发严重。一项调查显示，67%的职场人都表示自己曾经遭受职场冷暴力，但只有两成的人会主动沟通，解决问题[1]。过劳者由于远超平均水平的工作时长，身心疲惫，很难有精力应对冷暴力情况。

---

[1] 谭云. 遭遇职场"冷暴力"你该怎么办[J]. 现代班组，2017（6）：2.

小成是食品加工厂的工作人员，来到公司半年，他每天的工作就是坐在电脑面前操作软件，隔音板将每个工位分割成单独的空间。工作之外，同事之间很少聊天，氛围凝重，缺乏活力。半年来，小成甚至还不知道隔壁工位同事的名字。忙碌的工作和冷淡的人际关系让他对这份工作感到压抑。

小彤是一家资产管理公司的定向管培生，由于头脑灵活、勤奋努力，入职不久就被提拔至关键部门培训。令小彤感到苦恼的是，另一位和她同时进入公司的同事由于能力欠缺，没能受到提拔，于是心生嫉妒，总是在言语上对她进行打压，甚至在背后诋毁辱骂她，给小彤的名誉造成了严重的影响。

在过劳状态下，冷暴力会让事情演变得更加严重，工作成了令人感到紧张和压抑的事情。懒散疲倦、悲观失望是受害者遭受职场冷暴力后的普遍想法。实际上，贬低、排斥、辱虐等职场冷暴力远比我们想象的更为复杂多变。在垂直、平行的职场关系中，冷暴力并不少见。个人与个人、个人与群体，甚至群体与群体之间的冷暴力同样客观存在。

解决职场冷暴力的方法因时而变，总体而言分为四个部分。

第一是收集暴力证据。在首次受到冷暴力后，应该及时记下任何形式的冷暴力行为。职场冷暴力大多有章可循，收集明确的证据是保护自己的前提。

第二是寻求职场上的帮助。在冷暴力早期,很多人选择忍气吞声,直到麻烦扩大,事情变得不可挽回时才寻求他人帮助。专业人力部门及官方组织是合理的选择,冷暴力行为可以借由专业人士进行准确识别。

第三是心理保护。构建心理围墙,提高心理强度可以减少冷暴力的伤害。受冷暴力影响的职场人需要及时寻求心理医生的帮助,消除职场压力带来的消极影响。同时,健康的心理状况也有助于打击施暴者。

第四是采取行动,包括但不限于人事介入、法律介入、预防措施等合理应对行为。职场环境应该是健康的,利于个人发展的社会环境。面对职场冷暴力,任何人都有拒绝和反抗的权力。

内卷和冷暴力是两种较为明显的职场问题,也是现代社会环境下愈发泛滥的两类职场陋习。除此之外,沟通问题、认知差异、责任推诿等也属于恶劣职场生态的表现。

糟糕的职场问题是一个逐渐恶化的过程,会对人的身心造成不利影响。大量的工作和错误的处理方式会进一步加深职场环境中的裂痕。对过劳者而言,积极的工作环境意义更大,健康的职场氛围能帮助他们减轻压力和过劳问题。

第 3 章

思维：做自己的主人

思维泛指所有的认知和智力活动。它建立在感知的基础上，又超越了感知的极限。借助已有的知识经验，人们对输入的信息进行交互和理解。思维可以分为形象思维、逻辑思维、认知思维、灵感思维等几大类。

根据美国心理生物学家罗杰·沃尔科特·斯佩里（Roger Wolcott Sperry）博士的割裂脑实验结论，大脑虽然作为一个整体进行工作，但左右两个半脑各有不同的分工。左半脑控制右半边身体，负责逻辑理解、记忆、分析、推理等，主要从事逻辑思维，思维具有连续性、延续性和分析性；右半脑控制左半边身体，负责形象空间记忆、直觉、情感、想象、灵感等，主要从事形象思维，思维具有无序性、跳跃性和直觉性。

对过劳者而言，职业工作不可避免地会对其思维能力产生消极影响，表现为对当前行为的厌倦、注意力不集中、记忆力减退、做事动机下降、警觉性降低、脑子反应迟钝、缺乏自我信任等。

从记忆力到逻辑力，从专注力到创造力，人们通过感知基础形成的思维宝库被冲击和破坏。强化思维能力是掌控精力的必要手段。

直觉感官训练

右半脑主要负责形象思维，它是一种利用直观形象和表象解决问题的思维，在大量表象的基础上进行分析、综合、抽象、概括，创造出新形象，完成具体的"有形"和抽象的"无形"之间的转化。形象思维是认识世界的基础，也是工作、学习的根基。无论哪行哪业（如文学创作、绘画、建筑设计等），都需要用到形象思维来实现创意。锻炼形象思维，能够刺激大脑活跃，促进大脑功能发展，有助于提升大脑潜能，从而提高工作效率，缓解过劳带来的不良影响。可以通过多观察、累积形象材料，开展联想和想象活动，以画知识树/知识图，构建整体知识结构等方式锻炼形象思维。

观察或洞察

观察能力是人类通过五官感知、认识事物的直观形象，解决问题的思维方法。观察力是学习和记忆的基石。敏锐的观察力能让人更快地得到大量有用的信息，从中发现事物发展变化的规律。没有观察力，记忆力就很难得到提高。

对过劳者而言,观察能力受损无疑会带来很多麻烦。比如在白领人群中,大部分过劳者处理的都是逻辑性问题,左脑运用过度,对身边的事物缺乏关心,导致观察力下降,状态浑浑噩噩。

观察力受注意力、知识、意志等因素的影响,可以借此着手提升观察思维能力,有助于改善过劳者看待和认识世界的方式,降低过劳带来的负面影响,在提高工作效率的同时,能让人更真切地感受到生活的乐趣。

提高观察力首先要做的是调整心态。第一,要增强自信心。人在疲劳的时候,往往会缺乏自我信任,垂头丧气,走路时低头,很少与其他人进行眼神交流、刻意观察对方的一些行为情况,也很少注意周围的环境。这时,人的警觉性和观察力都会下降。想要提高观察力,就要增强自信心,大胆观察周围情况。第二,保持好奇心。永远保持对新鲜事物的好奇心与探究欲,对知识的渴望,能够为观察力提供动力,使大脑更为强健。第三,保持细心与耐心。事物的变化发展往往发生在一瞬间,但又很容易被人忽略,这时候就需要耐心与细心。

观察要有计划性,这样得出的观察结果更系统,也更有逻辑性。首先,要有明确、具体的观察目的。根据观察目的制订观察计划,划分总任务和阶段性任务。这样能够让观察更细致,也能够提高观察的积极性。然后,确定观察的内容,选择合适的观察方法。定量观察、定性观察等方法各有优点，需根据观察对象的特点进行选择。控制一定变量或多个变量，进行对比观察，能够更深入、更专业地观察事物，产生更精准的记忆，也能够让大脑记住更多的细节。其次，观察的时候要全面。全面指的是观察的视角及角度要全面，不能只看某一方面。"横看成岭侧成峰"，看一处风景，站在山顶和站在山脚看到的画面是不同的。从不同专业的角度看同一件事情，得到的结果也是不同的。观察的时候，也要尽可能地动用自己的全部感官。再次，要根据一定顺序进行观察。按照上下、左右、远近、内外、先后，或者事物的重要程度的顺序观察，能够找到事物各个部分之间的联系，减少观察漏洞。最后，要随时做好观察记录，并对观察得到的信息进行归纳、总结与思考。

要提升观察力，就要多观察，广泛积累观察材料。在日常生活中，要多关注周围事物，有意识地进行观察活动，感受事物的形象，为形象思维提供形象原料。生活的环境是最好的观察场所，能够让人获取实用知识。例如，当我们观察到云朵又黑又重，低低地笼罩整个天空，下一刻很有可能就会有暴雨倾盆。这样得来的形象材料令人的印象更为深刻、直观。形象原料的大量摄入与直接记忆，能够更准确、快速、全面地提升形象思维对事物之间联系的反映。同时，多观察还能锻炼感官的灵敏度。

可以通过模仿、学习美术绘画、玩找不同类型的游戏等方式增强观察力。模仿首先要做的是对动态模仿对象的快速观察、快速记忆，要求运用所有感官在瞬间观察、记清模仿对象。大量的模仿练习能够提升感官敏感性和记忆能力，提升观察力。而学习美术绘画，一方面能够培养色彩感，另一方面能够增强观察细节的能力以及对画面的记忆能力。找不同类型的游戏考验的同样是细节观察能力和记忆能力。

要提升观察力，就要提升知识储备，拓展自己的知识面。所有的观察都建立在观察者的知识、经验和技能背景下。懂得多的观察者往往思维更开阔，能够观察得更全面，也更深入。

在提升观察力的过程中，一方面，人会更沉浸于生活，从而摆脱过劳带来的对生活厌倦、缺乏自信等心态问题；另一方面，人的思维能力得到了锻炼，大脑更为灵活，提高了工作效率，从而为休息、娱乐留出更多时间与精力。

记忆管理法则

许多人习惯于熬夜工作或学习，很少有时间或心情休息放松，导致"记忆力减退"。

如外资企业的白领张小姐，最近越来越健忘。她的工作节奏很快，整天忙个不停。又因为是外资企业，部分领导和客户都在国外，跟张小姐所在地区存在时差，张小姐只好在晚上发邮件跟领导和客户联系。长期以来，她的睡眠严重不足，身心俱疲。她开始出现记忆力减退的现象，最初的表现是经常忘记带手机、钥匙、会议材料等，逐渐演变为连刚见过面的客户的姓名也想不起来的程度。经神经科医生诊断，张小姐患上了神经系统紊乱。

人老了容易忘性大。但很多人和张小姐一样，在疲劳状态下，哪怕正值壮年，记忆力也会开始向老年人迈进，出现丢三落四、忘这忘那的情况。这是由于过度疲劳引起的大脑功能失调，长此以往还会引发慢性疲劳综合征、神经系统紊乱等病症。

要根治这种记忆力减退，最重要的是调整生活方式。需做到生活规律、劳逸结合、加强锻炼，并在饮食上增加鱼类等优质蛋白质的摄入。

想要减轻过劳给大脑带来的损伤，增强记忆力，可以采取以下措施。

第一，参加一些文艺活动，比如跳舞、听音乐。视听艺术能够影响神经回路、内分泌标志物，从而促进健康。而创造性艺术可以降低皮质醇水平。皮质醇水平是压力的指标，它的降低意味着压力的降低。艺术能够诱发积极的心理状态，激发思维和情感，还能够改善认知水平，增强神经可塑性，减缓记忆力下降，预防大脑老化。此外，艺术还能够降低死亡风险。

比如跳舞时舞者需要记住与音乐结合的不同舞步，锻炼记忆力。同时跳舞也是一种很有趣的锻炼方式，包括多种风格，激发人的不同情绪，如激烈、舒缓、昂扬、轻松等，能让人发泄不良情绪，使人更加乐观。音乐和跳舞起到的作用相似，都能够促进更积极的情感，增强体质，减轻劳累程度。

第二，有规律地运动。年龄及疲劳程度的增长都会对大脑造成损伤，致使记忆力、专注力等认知功能不同程度地受到损害，而运动能减少这种损伤，保持大脑健康。人体肌肉生理存在昼夜波动，下午时，人体肌肉的力量、爆发力和耐力相对于清晨会增加，机体散发核心体温的能力也同样较清晨有所增强。这使得下午时的运动表现普遍比上午更高。长期顺应这种人体昼夜节律，有规律地在下午进行运动，能够诱导大脑结构和功能发生有利改变，改善认知和记忆力，从而增强记忆力，延缓衰老。运动可以选择步行或舞蹈等能够提高心率的有氧运动。

第三，做一些记忆力训练。记忆力是能够通过锻炼得到有效增强的。同时，年轻时的记忆力越强，老年时患上阿尔茨海默病的概率就越低。拼图、数字游戏等记忆训练，能够使记忆力得到有效锻炼，让人思维更灵活。联想法、背诵法、提示法、分解联合法等方法能够有效训练记忆力。训练记忆力的最佳时间是每天清晨和睡觉前。我们可以利用德国心理学家艾宾浩斯研究出来的遗忘曲线，针对遗忘的规律进行记忆力的巩固。画思维导图也能够帮助增强记忆力。它是一种形象思维，能够将需要学习的知识形成一个系统的框架，更利于激发偏好形象思维的右半脑，使得大脑更活跃从而减少记忆力减退。

第四，放下你的手机。很多人在一天工作后，会报复性地玩手机，直到睡前最后一秒，将大量的休息时间花费在了手机上。这种方式并不能让精力得到恢复，让大脑得到放松；相反，玩手机不仅会消耗我们的精力，还会干扰我们的睡眠，降低工作效率，影响情绪和心理控制能力，甚至降低我们的认知能力，对记忆力造成负面影响。手机只是一个工具，要掌控你的手机，不要被手机掌控了。首先，可以关掉除最重要的应用通知以外的通知，控制自己看手机的时间；其次，设置无手机场景，在某些特定场景中，如卧室或书房，不使用手机，以避免手机带来的压力和干扰；最后，睡前和起床后不要看手机，以免影响睡眠。

第五，保持乐观。保持积极乐观的生活态度能够减少记忆力减退的发生。而性格冷漠的人更容易出现记忆力下降的情况。

第六，睡个好觉。当人处于睡眠状态，特别是快波睡眠时，大脑会回放清醒时的经历，组织新的记忆过程，从而巩固记忆。这意味着，长期保证充足良好的睡眠，能够让人的记忆力更佳。而熬夜会加重大脑负担，长期熬夜无法有效地回放清醒时的记忆，巩固记忆力，反而会导致记忆力减退，有时还会更快地遗忘。

第七，不吃夜宵。过晚进食会增加人体对能量的需求，人会需要睡眠来形成记忆。但在睡前没有饱食的情况下，会形成睡眠非依赖的记忆巩固机制。这种机制能够使记忆力增强。同时，睡前吃夜宵会影响睡眠质量，甚至导致入睡困难。

掌控理性思维

人越是处于高压力、高疲劳的状态，越是需要保持头脑冷静，拥有清晰的逻辑思维。

熬夜加班、白天工作量过大、长时间对着电脑工作，会导致联想困难，对问题反应迟钝，想问题思路不清晰，心算能力越来越差，行事也会更冲动、更情绪化，在遇到问题时轻易发表自己的意见，却观点浅薄站不住脚，表达时前言不搭后语。

这是因为长期处于过劳状态，导致大脑疲劳，人们的思维不可避免地陷入迟缓，逻辑思维能力出现欠缺。如果不及时调整这种状态，就会稀里糊涂地投入工作，可能频繁出错，影响正常的工作生活。

想要从过劳状态中走出来,就需要提升逻辑思维能力。日常生活中,说话做事都是需要逻辑思维的。大部分工作也都是需要逻辑条理的。以超市理货员为例,需要分清先做哪一项工作,后做哪一项工作,哪些货物需要整理,哪些货物需要摆在显眼的位置。越是脑力工作者,就越需要清晰的逻辑思维。逻辑混乱会使得这些工作完成得很差或很艰难。

提升逻辑思维能力,就能利用有限的精力把更多的事情做好,提高工作效率。一方面,逻辑思维能力强的人有着缜密、严谨的思考方式,往往在剖析问题、判断形势、寻找问题时能拿出最有效的解决办法,掌握更多学习、工作的技巧和专业知识;另一方面,在遇到困难和挑战的时候,逻辑思维能力强的人通常都能够冷静权衡,以理性客观的态度去面对并加以解决。这样就能事半功倍,更好地抓住发展的机遇。

提升逻辑思维能力要做到以下几点:第一,要明确自我定位、清楚自己的优劣势,扬长避短,对未来有明确的规划,将之划分为一个个长期目标和短期目标;第二,锻炼自己归纳和演绎的能力,分解问题,对事物进行分类,把具有共同属性的事物分到同一类别中,然后按照一定的顺序进行排列组合;第三,可以利用一些思维工具,如金字塔原理、思维可视化等,在实践中让思考、行事更具有逻辑性;第四,遇到问题时,学会理性思考,客观冷静地看问题。

金字塔原理的应用

逻辑力是掌握和运用概念、判断、比较、抽象等思维方法的能力。使用逻辑力需要用到一个工具，这个工具便是逻辑思维。逻辑思维是思考的方式、路径、内容在大脑中形成的某种框架形式或方式。

金字塔原理是一种有效的逻辑思维，由麦肯锡第一位女咨询顾问芭芭拉·明托（Barbara Minto）在其著作《金字塔原理》（*The Pyramid Principle*: *Logic in Writing and Thinking*）中提出。它具有层次化、结构化的特点，能够让人在思考、说话、写作中更好地表达观点、突出重点，使得思路清晰、层次分明，做事更有条理。

金字塔原理是"以结果为导向之论述过程""以结论为导向之逻辑推理程序"[①]，关注的是思考/推论的过程。这是一种从结果开始，对问题进行层层分解，从而找到关键问题和解决问题的思路的方法。总论点和分论点共同形成了金字塔结构，总论点位于价值最高的塔尖。由总论点自上而下推导出分论点。推导分论点的过程其实就是解构总论点的过程，其中广泛使用了归纳法与

---

① 芭芭拉·明托.金字塔原理［M］.汪洱，高愉，译.海南：南海出版社，2019.

演绎法。归纳法和演绎法是逻辑思维中的推理方法，由个别推导到大多数，由特殊推导到一般性规律。

使用金字塔原理一般分为三步。

第一步，搭建金字塔。具体做法是：自上而下表达，自下而上思考，纵向总结概括，横向归类分组，序言讲故事，标题提炼思想精华。①首先找出最核心的问题，即总论点。寻找核心问题的时候，往往可以结合头脑风暴法，不考虑现有资源限制，考虑解决问题的所有可能性，然后运用梅切原则（MECE）②对这些可能性进行拆分。拆分既要保证完整性，即全面地看问题；又要保证每一个分论点之间互相独立。拆分完成后，要确认有无遗漏和错误。

第二步，构建SCQ框架，以结构化的方式表达思想。SCQ框架指的是"Situation+Complication+Key Question"。S指当前遇到的状况，C指限制因素、遇到的困难，Q指要解决的问题。这三部分各用一段话来描述。

第三步，丰富各论点的内容，对其进行论证。

---

① 芭芭拉·明托.金字塔原理［M］.汪洱，高愉，译.海南：南海出版社，2019.
② MECE即"Mutually Exclusive Collectively Exhaustive"的英文首字母缩写，意为"相互独立，完全穷尽"，对一个重点的议题进行不重叠、不遗漏的分类。

和金字塔原理有着同样作用的还有思维可视化。思维可视化是指把思维（思考方法和思考路径）通过图像的方式呈现出来，把抽象的逻辑思维转化为具体的形象思维。人脑海里的想法是发散型的，大脑更习惯于图像记忆。

思维可视化包括绘制思维导图和流程图等方式。在思维可视化过程中，思考速度会被放慢，隐性的思考方法和思考路径得以显现。如此一来，思维的漏洞就能够被发现，也能够在此基础上提出解决方法，对思考过程进一步优化，使之更有条理，最终的成果也更容易理解和记忆。

使用金字塔原理等逻辑思维，并以思维可视化方式呈现出来，能够显著提升逻辑力，让人用最小的精力，获得最大的学习、工作效果，也就是常说的事半功倍。

学会客观思考

在疲劳状态下工作，更需要拒绝情绪化，保持冷静的理性态度，学会客观思考。

理性是人们判断、分析、比较、推理等方面的能力。理性客观地看待问题、解决问题，从而在看待问题、解决问题的时候，遵循事物发展的规律和自然进化原则，不冲动，不情绪化。

在职场中，当人处于疲劳状态时，更容易受到主观情绪的影响，看问题更偏向于主观，做事易冲动，在没有经过思考的情况下，凭借自己的喜好、情绪评判外在的环境、事件或他人，轻易做决定。

一些患有路怒症的司机，他们会带着愤怒情绪开车，在面对糟糕的交通环境时做出一些带有攻击性或愤怒的行为，如胡乱变道、强行超车、闯黄灯、爆粗口等，这种情况在过度疲劳、压力较大的情况下更为突出。

路怒症便是情绪化的一种表现。情绪化指的是喜怒哀乐等情绪不稳定，理性克制不住情绪冲动，易受到外界因素的影响，在冲动的情况下做出不理智的行为。当心情好的时候，什么都好，而心情不好的时候，仿佛全世界都灰暗了。正如《礼记·檀弓下》所言："进人若将加诸膝，退人若将坠诸渊。"

据认知神经学研究，在人的大脑中，社交、情感问题的处理和逻辑分析的神经网络是分立的。这就像是一个跷跷板，当一方进行活动的时候，另一方会被抑制。这意味着，当带着情绪处理问题时，理性会被压制，从而做出不理智的决定。

当人的情绪不稳定时，需要冷静下来，理性客观地看待问题、解决问题，也就是要去情绪化，用理性去支配大脑，让情绪化和理性之间的跷跷板保持平衡。

去情绪化分为两个方面，一方面要正视自己的情绪，不要刻意回避情绪。人是感性的，有七情六欲。忽视自己的情绪等于忽视自己内心的声音。人的情绪与需求、欲望有关。需求得到满足，便产生乐观、愉快等积极情绪；需求得不到满足，便产生悲伤、愤怒等负面情绪。产生情绪的时候，要分析原因是什么，问问自己想要的是什么。同时，需要控制自己的欲望，延迟满足。需求并不能一直被满足，期望过高，会产生过多情绪化行为。另一方面要克制自己的情绪。当遇到事情时，不要抱怨，也不要为之苦闷和发愁，先把自己应该做的事情做好，避免形成更多的问题，造成更大的损失。愤怒时不要急着发脾气，先问问自己，生气对事情有用吗？能不能解决问题？不能的话，就克制。

客观看待问题，要求心理素质过硬，自信、有勇气、冷静，遇到紧急的事情能够不慌张，泰山崩于前而面不改色。这样才能有思考的空间，而不是凭借直觉做事。

客观看待问题，要求在遇到问题时先思考，再做决定。第一，承认问题是客观存在的；第二，寻找问题的根源；第三，想清楚自己的目的及想要达到的效果，比如想要参加一场比赛，就需要明确这是一场什么比赛，想要在比赛中拿到第几名；第四，寻找解决问题的方法。

客观看待问题，还需要避免一些非客观的行为模式。

第一，切忌先入为主，带着偏见看问题。这种先入为主的偏见又分为几个部分。首先是认知偏差。人对事物的认知是基于过往的经历、经验形成的，难免会存在认知偏差。认知偏差会干扰对现实的理解，并影响清晰、客观地思考的能力。常见的偏见问题主要有以下几种。一是认知即世界。比如，一个人之前遇到的爱笑的人都很善良，那么这个人在遇到下一个爱笑的人的时候，会下意识地认为这个人是善良的，而非通过其行为进行判断。二是消极偏见。相较于正面信息，我们的大脑神经对负面信息更为敏感活跃。这使得我们存在着根深蒂固的消极偏见，更相信消极信息。这也是为什么世界末日的谣言总是广为流传的原因。三是敌对心理。当一个人否定另一个人时，那么在他眼里，这个"被否定者"的一切都是被否定的，他说的话都是错误的，他做的事也都是不好的。四是逆火效应。当一个人认同、坚信某个观点的时候，别人很难说服他接受相反的观点。别人越反对这个观点，他就会越坚信这个观点。我们能接受的都是我们早已认同的。我们需要避免被偏见干扰对事物的判断。

第二，避免自欺欺人。人常常会过度自信，高估自己。让一个人预估他自己对某事判断正确的概率，预测值往往会高于实际。同时，人们还会产生一种错觉，认为自己的水平高于平均水平。

第三，避免羊群效应、人云亦云。人和羊一样都是社会性的动物，具有从众心理，会下意识地向大多数人的想法靠拢，默认自己的想法和周围人及整个社会相一致。这也是成语"三人成虎"背后的心理成因。但社会共识并不一定就是符合逻辑的，多数人认同的观点并不一定就是理性的观点。真理有时往往掌握在少数人手里。我们需要对事物有自己的判断。

第四，避免迷信权威。一般人会对权威所讲的观点、意见和思想不假思索地全盘接受，盲目地服从权威。这也是为什么很多骗子会给自己准备很多头衔，标榜自己是"某某专家"的原因。专家说的话并不等同于真理。专家也是人，是人就会犯错误。我们需要对权威持审慎态度，要有质疑的精神。

学会客观地看问题，从全局出发，全面地认识问题，详细分析，小心论证，而后才能下判断、做决定。事物是多面的，而非单一的；是普遍联系的，而不是孤立存在的；是不断变化发展的，而不是静止的。我们需要从多个角度、系统地、以发展的眼光看问题，这样才能对事物有全面的了解。在分析、论证阶段，我们要从事实出发，进行逻辑推理和事实验证。

学会客观地看问题，要在一件事情完成后进行复盘。复盘是围棋术语，指在博弈结束后，将之前的对局再重复一遍，研究双方的每一步是如何思考的，从中找出双方的漏洞。复盘能够显著提升棋手的水平。而将复盘运用到生活中，则可以在完成一件事情后，对自己做事时的思路、情况进行分析，找出每一步的优劣得失。同时，思考是否还有其他解决方案，哪一个是最佳方案。有时身在其中，看问题往往存在漏洞，会出现"当局者迷"的情况。事后复盘能够让人更客观地看待问题。

看问题时保持理性客观才能快速、全面地了解现实，分析出多种可行性方案，判断出最佳方案并有效执行。

认知整理术

在这个信息爆炸的时代，人们的注意力往往会受到各种因素的干扰，难以抛弃对外在的思考，无法关注自身。

职场中的人更是如此，他们需要与领导、客户、同事反复沟通工作，甚至同时处理好几件事情。他们的大脑被事件占据，哪怕察觉到自己有些力不从心，也无法对手中的工作置之不理。因为他们往往只是某个项目、某个工程的一环，休息就意味着断链，会造成一定程度的后果。

基于这种担忧，不少职场人只能将更多的时间用在处理工作上，留给自己的精力恢复和补充时间几近于无。日积月累，他们牺牲的东西变得越来越多，从睡眠到周末，从社交到亲情，直到进入过劳状态，仍有大量的事物等待他们去处理。

当他们拖着疲劳的身体来上班时，本身的精力实际已经像筛子中的水一样，被漏光了。开始过劳和已经过劳很长时间的职场人不难发现，自己的工作成果似乎总是不如意，要么是和领导脱节，要么是和同事产生分歧。这种结果往往造成恶性循环，让原本两次就可以通过的方案改了一遍又一遍，对同一个报表的讨论会开了一次又一次。可想而知，多出来的这部分工作需要职场人搭上更多原本可以安排其他事的时间，而这一举动又将加剧过劳状态。

其实在职场人发现工作对接频繁出问题时，就应该有所警醒。工作难度不会陡然增大，同事间的合作无间也不会在短时间内崩塌，之所以出现"他说的"和"你做的"不匹配，是因为长时间的过劳已经严重打断了你对自身的思考，你的所有精力几乎都用在了工作上，却没有得到及时的补充和恢复，造成自身的理解力和专注力大打折扣。

理解力强化

"理解力"的词性源自拉丁文"comprehendere"，原意是"抓住总体"，即对已接收信息的认知转化能力。如果将"理解"二字拆开，不难发现，一个是"理顺"之意，一个是"分析"之意。综合可知,"理解力"是一种对已接收信息进行整理分析,使之实现不同的认知转化的能力。

将这一概念应用到过劳的职场人身上,就可以解释"他说的"和"你做的"不匹配这一困境,即理解不到位。对方传达了一种意图,标准的理解应当是将这一意图整理分析后,再"翻译"告知其他人。这是工作中行之有效的方法,但对于过劳者而言,这一步骤的执行略显困难。

一位婚庆策划公司的员工曾在知乎发起提问,询问网友她每天都觉得工作很压抑,是否应该辞职。在她的陈述中,老板交代的工作总是不清不楚,需要员工琢磨理解。有一次四位同事一起分析并完成了老板交代的工作,结果还是受到了批评。老板则认为自己已经说得非常清楚了,员工们一而再、再而三地向自己确认,是不专业的表现,是在浪费自己的时间。

这是一个职场理解力的典型案例。职场理解力困境多发生在上级与同事之间,一旦你发觉自身陷入理解困境,应当尽早采取措施,从与上级、同事的工作交流入手,强化理解力,实现对等问答。

在精力不足的情况下,如何最大限度地强化自身的理解力,解决和上级的工作交流障碍呢?可参考以下三点精力分配法则。

第一，将思考的范围扩大。当你无法从繁杂的事务中脱身，又必须将你的精力分散到多处时，不妨将有限的精力用在最关键的地方。例如，你今天需要同时完成三件事，几乎已经达到了你的精力极限，这时你的上级将你叫到办公室，向你传达了一项新任务。

这种情况下，对于上级的托付，你知道自己不能拒绝，但你也非常清楚，自己已经没有多余的精力将它做得漂亮。你似乎能预见这件事会失败，引得上级怀疑你的能力或态度，甚至之后的几天都会反复做这件事，但你别无选择，你只能接受任务。

此时你所剩精力不多，为了避免出现理解力困境，做出与上级要求截然相反的成果，你要做的第一点就是将思考的范围扩大。简言之，就是尽可能地站在上级的角度思考问题。例如，上级需要你整理公司本年度的销售报表，这无疑是一件需要大量时间、耗费无数精力的事情。

从某种角度看，这一要求非常明确，只是要一份"公司本年度的销售报表"，如果你此时草率地以为自己已经理解了上级的意思，开始动手整理，那就已经陷入理解力困境。不假思索地完成上级字面上的指示，常常会得到诸如"没有和去年报表的对比图吗""能否改为可公示版式""有无选取突出案例"等追问。

相信看到这里，你已经有所了解，什么是"站在上级的角度思考问题"。当上级要一份本年度的销售报表，你不应将仅有的精力耗费在琐碎的整理环节上，而是尽可能思考"这份报表的意义是什么""这份报表完成后给谁看""除了最基本的销售信息外是否还要添加内容"，等等。

因为本年度销售报表的本质并不会改变，无论你是否思考这些问题，每个月的销售情况都要清晰在列，你所做的不过是将仅剩的精力分配给关键的思考环节，将思考的范围扩大，尽可能理解上级的意图，把后续可能的麻烦降到最小。

第二，眼光放得更长远。当一个人在同一个岗位沉淀多年甚至更久，他所承担的工作将不是一个或两个，可能需要同时与好几个客户保持联系，经常出去面见不同的人。生活节奏被打乱的职场人，会难以避免地陷入过劳，他们没有明确的下班时间，饮食不规律，睡眠障碍更是常事。

他们的工作精力有限，无论如何进行时间管理，总有一些工作会被忽视。当他们的工作安排已经满满当当，而上级又下达了新的任务时，多少有些"今朝有酒今朝醉"的意味。

你要什么就给什么，绝不浪费精力思考更多，这是过劳的职场人的常态，但也正是这种想法，往往会加剧过劳现状。流水账式的工作方法表面上似乎有效减轻了负担，实际上如果你不在规定的时间内完成一个阶段性目标，日益增多的工作会变成你精神中的难以逾越的高山。

为了摆脱这种累积性精神负荷，当上级不断向你传达新任务时，你应当将眼光放得更长远，集中精力掌控进度，而不是被做不完事情的焦虑所支配。当你接到任务时，你要第一时间分析它的重要性、难度高低、需要花多长时间，等等，再将它列入自己的事项清单。每天开始工作后，就可以按照事务的紧急程度及所需时间长短分配自己精力最旺盛的那几个小时，其余时间大可做些无关紧要的事情调节一下。

说到底，这种精力分配法则不是去理解上级，而是去理解任务，分析工作内容，从而根据难度分配精力。

第三，先抓住事件的重点。或许很多人都与上级就任务完成情况产生过分歧。你认为自己已经按照对方的要求完成了工作，可上级却觉得你没有满足他的根本需求，你所上交的文件里面大部分都是无关紧要的内容。

这又是一个理解力困境。当你和上级不在同一个频道，即便面对再简单不过的要求也会出现理解偏差。这种理解偏差会受到诸如学识水平、基础认知、情感情绪等因素的影响，一旦过度劳累，你出现这一情况的频率显然很高。

如何做才能与上级达成理解对等？你要做的是在着手做事前，先抓住事件的重点。倘若担心自己判断失误，可以与上级确认一下，确定任务重点之后再操作。在解决问题的过程中可以先拆解问题，将复杂的问题拆成几个分支问题，一个一个有序解决。相比毫无头绪、越忙越乱、越做越忙的人，能够抓住事件重点的人做事总能事半功倍，也更容易走出理解力困境。

除了会和上级之间出现理解力困境外，不少职场人和同事之间也存在这样的状况。毕竟不是每一项任务都只由一个人完成，不少任务都需要通力合作，这就非常考验同事间的理解力。如何强化这一环境中的理解力，可参照以下两点精力分配法则。

法则一，明确每个人都是在寻求合作。过劳的情况往往不是个例。身处同一个工作环境，同事间的工作负担与精神状况往往是相似的。单独给他们交代任务，他们只需要对应分配精力即可；一旦需要多人协作完成同一件事，工作就会变得更复杂。

假设有四个人做同一件事，他们就不得不考虑从何处拆分，将这件事拆分为难度跨度较小的四等分。要打破个人独立办公的风格，明确每个人都是在寻求合作，你只是其中一环，要做的就是尽可能将你这一部分做好。此外，指导的角色落在谁身上也非常关键,总需要有一个人统筹全局。

在合作过程中,由于存在理解力困境,可能出现的情况多种多样:四个人的成果可能大不相同,有些人花费了大量精力,而有些人则在浑水摸鱼……如果每个人在合作之初,不能明确自己和他人之间的合作,那么这种无效合作发生的概率会很高。

同事合作处理公务的理解力,不仅代表着对工作内容的理解能力,也包括对彼此的理解。大家的境遇相似,当发生矛盾、出现意见分歧时,完全可以站到对方的位置上想他人之所想。所有人都在加班,你不是最辛苦的,你也不应该将自己的压力转嫁给别人。一张粗制滥造的设计图并不能缓解你的疲劳,只会延长你的团队的工作时间,大家一起受累。而这种状态也不会分担你的压力。同处一个团队,这种增大的压力最终会回到你身上。

法则二,先确定一个共同目标。不同人的理解力并不对等,所呈现出的工作成果也截然不同,而处于过劳状态的人理解力已然下降,要实现和同事的融洽合作,就需要他们先确定一个共同目标。

围绕某一项任务组成一个团队,成员由于个体经验的丰富程度与个人综合能力的不同,理解力水平也参差不齐。面对这种情况,团队成员最先在意的是任务分配问题。但是,简单分配任务后，不同人的成果又会呈现出较大差异，所以需要给出一个共同目标。

例如，团队中三个人的理解力水平分别是 A、B、C，那么给三个人的共同目标都要是 A，强行拔高另两个人的理解力成果。这与揠苗助长有着本质上的区别。先确定一个优级共同目标，虽然不会得到三个 A 级成果，却可以得到一个 A+，一个 B+ 或 A，一个 C+ 或 B，相当于拉高了平均水平。

这一举措并非主动强化理解力，而是通过指挥角色被动进行，即理解力最强的人在理解上级所传达的任务后，通过"翻译"告知团队成员。当成员们有了一个明确的共同目标，他们会不由自主地朝这一目标思考，把有限的精力用在正确的方向上。

想专注并不难

不少人对专注力存在误解，认为它是一种个人的能力，能从侧面反映出一个人对某件事情的态度。其实不然，这种理解是极其片面的。专注力的科学释义是认知活动的动力功能，而这一认知活动的范围非常广阔，包括听知觉、视知觉、记忆、思维、执行、想象、反馈等活动。人们通常只看到"执行"这一点，并没有看清专注力的全貌。

专注力是认知活动的推动力，同时它还是职场人对抗焦虑的最佳手段。拥有极强的专注力可以大大提高职场人的工作效率，避免被某些干扰打断思路。将专注力对个人的影响扩展到整个企业，将带来正向团队执行力的提高。

身在职场，难免有一心二用或多用的时候。当精力衰竭时，就会产生工作做不完的焦虑感，而这一情绪将直接影响你的执行力。专注力可以帮助你合理分配精力，一段时间内只高效处理一件事，可以更快地完成任务。在你获得成就感的同时，精力也会得到相应的补充。

此外，能够专注地处理繁杂的工作，相当于对外展示你有一种在特定时间内高效完成任务的能力。这会让你看起来更专业，更容易获得同事和上级的赞许。赞许是一种积极的反馈，它给予职场人的能量不亚于一次午间休息，能令你失去的精力得到补充，更积极地投入工作。同时，你的专注也意味着你的单位时间产量将更高，中间产生的诸多灵感与想法也会创造更多可能性。

发挥专注力对职场人的好处不再赘述，我们先来看看直接影响专注力状态的四个方面。

第一，工作本身对职场人的吸引程度。兴趣是一个人主动接近、探索某种事物的态度和倾向。将这一理念放在职场环境中，那就是工作内容对职场人的吸引力。因为感兴趣所以能更专注，不感兴趣则难以专注。

第二，职场人之间的互动状态。仔细想想，当你需要和同事合力完成一项任务时，对方若总是时不时地来请教你，或者查看你的任务完成进度，你的专注力会明显不如一个人独处时高。

第三，个人的身体与情绪状态。职场人带病上班的情况并不少见，他们的请假理由即便很充分，也可能因为各种原因被驳回。他们拖着疼痛的身体坐在工位上，体能尚且不足，情绪更不会好。在这种情况下，职场人的大部分专注力都被不适的身体分走了，想要沉浸在工作中非常难。

第四，自身的意志表现。专注力是意志力的表现之一，即便面对不感兴趣的工作任务，职场人也可以通过意志力调控自己的行为，迅速专注于某件事情，不被各种因素干扰。然而，意志力并非不可改变，也会出现下滑的情况，届时由它控制的专注力自然也会下降。

在正常的职场环境中，人们的专注力尚且会受到诸多因素的干扰，一旦陷入过劳状态，想要专注于工作的难度会更高。首先，过度劳累会导致自主神经失调，进而影响睡眠品质。没有获得充足休息的大脑一片混沌，根本无法高效处理一天的工作。其次，由于工作时间不定时延长，职场人的大脑长时间处于固定单调的工作状态，缺乏刺激，反应迟钝，即便想要专注于一件事也很难办到。再者，因为压力大，有些人会使用烟、酒、食物等帮助减压或入睡，从而养成不良的生活习惯。这些不良生活习惯都不利于第二天精力充沛地投入工作，更谈不上恢复专注力了。最后，人们会因长期经受的压力而使身体产生压力激素，导致大脑萎缩。大脑的前额叶是大脑的司令官，这里非常容易受压力的影响而退化。一旦它开始退化，人们的注意力、情绪、生活动力与逻辑思维能力都会变差，会出现"记性差、抑郁、焦虑、暴躁"等情况。

职场人如何摆脱难以专注的困扰？只要你能遵循以下八种精力管理方案，就会发现即便是处于过劳情况，想保持专注并不难。

第一，先摆脱自己很忙的焦虑，只做一件事。精神病学家爱德华·M. 哈洛韦尔（Edward M. Hallowell）曾分享过自己对注意力的研究，他认为"多任务处理就是将注意力从一项任务快速转移到另一项任务。它会给人一种错觉，认为我们在同时进行多项任务，但实际上并非如此"。如他所说，人们的专注力并不能同时凝聚在几件事情上。精力有限的人要想同时处理几件事情，就要先摆脱自己很忙的焦虑，将思维限制在一个个单一的主题上。开讨论会时就专注于会议内容，出差事宜等结束会议后再商量。

只做一件事，可以有效提高你的专注力。

第二，合理管理时间。为了更高效地完成工作，我们确实不能同时处理很多事情，那是因为这些事情都需要我们的大脑做出抉择，如果想更专注于一件事，就必须让大脑的思考空间变大，先不考虑其他事情。但如果两件事情几乎不会互相干扰，那我们完全可以同时做两件事。例如，在进行一个项目会议时，职场人的焦点在项目报告上，但如果此时桌前有杯咖啡，不仅不会影响大家的专注，还有利于缓解紧张的气氛。

第三，让音乐帮助你专注。斯坦福大学医学院于2007年的一项研究表明，舒缓的音乐，尤其是古典音乐，可以帮助人们的大脑更好地吸收和理解新信息。当精神紧张的职场人不得不完成一份报告时，不妨来一段古典音乐，放松你的紧张情绪，帮助你专注于眼前的事，不受情绪干扰。

第四，和同事闲谈释放压力。职场人每天约有1/3的时间与同事共处，而人类又是社交的动物，社交不仅有娱乐身心的作用，还可以释放压力。在工作间隙，抽出一杯咖啡或一支烟的时间和同事闲谈两句，让大脑接触新的想法，重新转动起来，在释放压力的同时，我们的专注力也将从僵化转为活性化。

第五，设定工作计时器。帕金森定律指出，人们的工作会随着分配的时间而不断扩展。简言之，如果我们不给自己的工作设定时间，我们将一直做这件事，时间一长专注力就会下降，成果自然会受到影响。为提防专注力的衰退，我们需要设定一个工作计时器，在规定的时间内专注完成一件事情，不要让"只做一件事"成为拖延的理由。

第六，创造一个更容易专注的环境。职场人的工作环境与专注力高度相关，环境整洁更容易让人集中精神，而杂乱的环境则容易引起情绪波动。例如，你急于整理一份材料交给上级，可是翻遍工位也找不到其中一份资料。等你找到它，连续工作的状态已经被打断，想要再次专注又要花费一段时间。为自己创造一个更容易专注的工作环境，将所有文件与个人物品分门别类地摆放好，在自己需要时可以第一时间找到，同时整洁的桌面也会让你更容易专注于眼前的工作，不容易分心。

第七，晚些处理脑中的杂念。几乎所有人都难以控制杂念的出现，工作中的职场人也不例外。明明需要投入全部的专注力，但头脑中总是不由自主地出现诸如"晚上给孩子做什么晚餐""家里需要添置什么东西"等念头。遇到这种情况，最好的办法是将这些杂念记下来，晚点儿再处理。可以将这些杂念记在手机备忘录里，也可以记在手边的工作本上。当你将它们记下来时，就会产生一种已经完成的错觉，不会一直去想，自然这个念头就不会反复出现，你就能专注于手头的工作了。

第八，暂时脱离信息"轰炸"。手机已经成为我们日常生活中必不可少的一部分，常见的社交软件也与工作有了千丝万缕的联系。例如，身处信息时代的你，可能正在构思一篇报道，突然收到老朋友的一句问候、物业公司的缴费电话和一些不相关的垃圾短信。这时，你的注意力往往被打断，构思到一半的写作思路不知如何继续进行。为了更专注地投入，你可以选择在工作时将社交软件设为静音，让自己先完成一件事，再去集中处理这些信息。因为通常情况下，如果事态紧急，对方会再给你打电话。

如何培育灵感

好点子训练法

"逻辑会把你从 A 带到 B，想象力能带你去任何地方。"阿尔伯特·爱因斯坦的这句名言生动形象地阐述了想象力与逻辑思维能力的区别。

在人类历史中，想象思维是我们突破禁锢，从地面飞跃到天空的原动力。尤瓦尔·诺亚·赫拉利（Yuval Noah Harari）在其著作《人类简史》（*A Brief History of Humankind*）一书中，更是提出了颠覆性的观点：人类历史进步的根本驱动力是想象力。

在原始社会，人类跳出生存边界，创造语言和规则，是源于想象力的支撑。在宗教体系中，人类凭借想象思维构建出具体的神话传说，彰显着王权和力量。在科技领域，技术发展日新月异，梦想照进现实，未来成为现在。

由此可见，想象思维在人类进步中不可或缺。借助丰富的已知事实，人类对认知和记忆进行加工、改造或重组，从想象思维中汲取力量，改变世界。

在现代工作中，想象思维同样扮演了重要角色。

在文学创作领域，想象力是联结幻想世界的桥梁，为创作者提供腾飞的翅膀；在销售广告行业，想象力充当着大脑发电机，生发出有趣的创新营销元素；在互联网行业，想象力化身为互通有无的数字链接，串联起虚拟和现实两个世界。

想象力是创新的源泉，但它也是每一个疲惫的人面对工作时的难题。过劳最显著的消极特征是长时间、高强度地用脑工作。陈女士供职于知名电影公司，担任影视编剧一职。从业十多年，她创作了不少剧本和故事桥段。但是最近几个月，陈女士经常感到力不从心，即使加班到深夜也很难构思出巧妙的情节，这源于她每周超过70个小时的高强度工作。每天过度劳累后，她的大脑思维枯竭，甚至陷入茫然无措的工作状态。糟糕的工作表现又会进一步反馈到第二天的工作中。陈女士一度认为自己的想象思维大不如前,多年的过劳工作状态消磨了她的耐心。

想象思维由认知衍生而来,而多任务工作同样会不断恶化想象能力。孟先生今年40岁,是一家化妆品公司的营销总监。大学毕业后,他一直供职于该公司,从销售员做起,一步步脚踏实地,在不惑之年终于凭借自己的能力做到了总监的职位。然而在接触总监工作的三个月内,孟先生却表现得极为不适应。

营销方案通过率明显下降,手上的几个重点项目也问题不断。这与他之前的工作表现比起来简直是天差地别。孟先生也很苦恼,担任总监后,为了尽快适应新职位,他经常主动留下来加班,还大包大揽了多个重点项目,但表现却不尽如人意。以往的他方案频出,时不时就能蹦出好点子,现在的他大脑好像再也想不出有吸引力的营销方案了。

孟先生想象力的缺失与多任务工作不无关系。当他多线并行,同时处理多个项目时,大脑会处于兴奋状态,产生应激激素,包括去甲肾上腺素和皮质醇。在压力之下,人无法准确获取认知记忆,甚至会出现记忆空白,无很好地思考和想象。

实际上,人脑并不适合多任务工作。当人们同时处理多项任务的时候,只是从一项任务切换到另一项任务。频繁地切换,会消耗葡萄糖，大脑最终将疲惫不堪，陷入混乱。孟先生在担任总监之前，一直负责单一项目工作，他可以集中精力干好手头的工作。职位晋升后，过重的工作量加上承担了多个项目，让他很难深度思考，运用想象思维整理纷乱的认知，构思出有效的方案计划。

要恢复想象思维能力，需要掌握一些技巧和方法，维持想象力在大脑中的活跃状态。恢复想象力和培养想象力存在一定区别，前者在于保持和维护，后者在于培育和开发，需要探索自我，进行个性化的思维训练。对于已经从事想象力工作的人而言，想象力的培育开发已经较为成熟。

首先，恢复想象思维的基础是持续积累。想象力来自大脑的认知，阅读、旅行、沟通等方法都可以让我们有效地积累知识储备和基础素材。苏联心理学家捷普洛夫认为："阅读文艺作品——这是想象的最好学校，这是培养想象最有力的手段。"丰富的阅读能催生独特的思维。

其次，面对想象力枯竭问题，过劳者可以尝试重新排列组合，将原有的素材推翻。固化的元素会禁锢想象的翅膀，丰富的认知基础有助于让人们突破常规想象，产生有趣的想法。向自己提问也可以让我们打开思路，解放想象力。提出问题的过程也是构建思维模型的过程。

同时，应对多任务工作时可以尝试循序渐进的提升方式，从一到二，从二到多。思维需要训练，想象力同样需要。联想是有效的训练方法，从简单到复杂的联想有助于从内到外的畅想。

最后，有效沟通同样有助于维持想象思维。从一个简单的命题开始，沟通双方可以尝试构建一个天马行空的故事。快速的故事构建可以点燃思维的火花，同时提高思维耐力，有助于多任务工作。代入是探索未知、修复想象思维的好方法。由于自身认知不足，我们站在第三方角度很难了解对方的思维和信息。角色扮演和心理侧写则能打开封闭的思维模式。

因此，保持想象思维需要充足、合理的休息时间。过度思考不仅会消耗体力，还会引发大脑停顿、思维迟缓等问题。另外，减小工作压力同样是找回想象力的方式。在成长过程中，人们的想象思维容易被条条框框限制，与生俱来的想象力不断损耗，甚至消失。恢复方法是脱离原来的环境，减轻压力对自身的影响，尝试唤醒并保持想象思维。恢复想象力的重点在于运用，将自己的创想通过不同的形式表达出来，主动学习运用想象思维。

用奔驰法打开脑洞

创造力是人类特有的、与生俱来的综合性本领。从幼儿到少年，从青年到老年，创造力贯穿每个人的一生。教育家陶行知相信：创造力属于每一个人。它不是天才们的专利，也不是科学领域、艺术领域和文化领域独有的特质，只是因人而异，存在高低之分。

与想象力不同，创造力强调"实现"，因此它具备复杂的过程和多种素质要求。创造力是一种综合性本领——人类发现和识别问题，运用想象力和逻辑力，通过实践完成心中的创想。在这个从无到有的过程中，新事物被创造，新构想被实现。

由此可见，认知思维、逻辑思维皆服务于灵感思维。

想象力是其中一环，它可以被视为一种品质；而创造力则是一种能力，它是创造的源泉，但并非全部。例如，画家基于认知可以想象出一种幻想的生物，躯体、毛发、习性、特质一应俱全。它已经在大脑中成型，只待跃然纸上。但由于缺乏创造力，有趣的想法只能留在脑海中，无法被创造。

如何将想法具象化是创造力的核心。天马行空的想法固然重要，但如果只有想象，缺乏创造，永远只能做空想家。

在工作环境中，创造力的作用是多面的。首先，创造力是员工获取工作热情的重要途径，过劳却会破坏这一过程。严先生是一位园林设计师，自去年公司扩展业务后，他经常对工作感到无力，产生了厌倦、疲惫感，失去了工作热情，整天浑浑噩噩。原因是公司扩大业务,却很少招收新员工,为了节省人力成本,让老员工承担了更多的工作和项目。

实际上,园林设计行业属于周期性繁忙行业。严先生在公司业务扩大之前也经常加班,每年年底是加班高峰期,但是强度适中,加班时长也能接受。业务扩展后,严先生发现几乎每月都要加班,严重时甚至天天到凌晨四点才能离开公司,早上九点又要打卡上班。对他来说,绘制设计图纸带来的成就感早已被过度劳累的工作淹没了。

工作带来的成就感具有强大的自驱力。通过创造力获得的成就感是薪酬福利无法取代的。在现代社会中,成就感更是激发员工工作热情的重要元素。在严先生的案例中,正常工作和适量的加班并不会产生消极情绪,在某种程度上,严先生将工作视为实现自我价值的途径。然而,过劳破坏了创造力生发热情的过程。长时间地加班、无休止地工作,致使创造力消耗殆尽,热情不再,乃至熄灭。

针对创造力消耗的问题,保持和提升创造力的方法有三种。

首先,跨领域尝试。过劳工作会让思维僵化,形成局限性。设计类、创造类工作者会因此遇到工作瓶颈,此时的加班毫无意义。这就需要你暂时放弃当前遇到的问题,转而将注意力集中到其他领域，通过不停地尝试，灵感可能会突然涌现。

其次，留心自然是你恢复创造力的好方法。大自然会平缓过劳工作状态下的紧张情绪，探索新环境、四处旅行有助于开阔眼界、提高精力和效率。

最后，足够的放松对解决过劳者的创造力缺失的问题尤为重要。创造类工作有时会陷入停滞，方案、设计、想法需要在足够放松的前提下才能出现。如果有机会，你可以放下工作，睡觉、散步、打游戏，这些做法都足以缓解压力，释放创造力。任何轻松、舒适的解压方式都能触发稍纵即逝的灵感。

过劳情况下，另一种使创造力受损的情况发生在连续的失败后。习得性无助也会破坏创造力水平。它是一种消极的心理状态，由于个体多次努力尝试达到目标，却因为某些原因失败，遭受打击后，他认为自己无法成功，压力倍增，陷入消沉。习得性无助就会破坏创造性思维。

许女士是国内一家知名漫画公司的职业漫画师，曾经创作了不少有趣的人物和作品。不久前，许女士参与内部晋升，希望担任古风题材编辑室主任，但未成功。来到公司三年，这是她第四次参与晋升，希望得到提拔，但均以失败告终。这次落选后，许女士一蹶不振，新季度创作质量堪忧，状态明显下滑。

对许女士而言,之前的失败其实并未令其灰心。她将无法晋升的原因归咎为自己能力不足,作品不够出色,还需继续努力。失败后,她总会收拾好心情,紧接着快速调整状态,全身心地投入工作中。为了提高自己的能力,许女士经常熬夜加班,周末也很少休息,将全部精力用来学习,专业素养不断提升。

然而,她的努力并没有换来预期的回报,连续四次晋升失败后,许女士最终选择放弃,创作能力也因此不断下滑。失败带来的压力不断累积,对个体来说,多次失败破坏了其对事件的原始假设,导致认知失调和认知疲劳[1]。长期受过劳压力的影响,人们甚至会失去逃离消沉状态的想法,自我效能和心理韧性会遭到破坏,致使个人创造力水平受损。

不同于恢复和保持创造力,习得性无助会损坏创造思维,因此解决方法便在于如何修复创造思维。在许女士的案例中,她因多次失败受到打击,她无法正常地运用想象力,完成心中的作品,而奔驰法(SCAMPER)正是协助她拓宽思路的有效方法。

奔驰法,又称SCAMPER,它包含七个关键词:substitute(替换);combine(组合);adapt(改造);modify(修改);put to other uses(改变用途);eliminate(去除);reverse(逆向

---

[1] 黄俊锦. 习得性无助对员工创造力的作用机制研究[D]. 上海:上海大学,2016.

操作或重新安排）。它主要通过这几个词的改变来激发人们推敲出新的构想。其中，"替换"是将产品或服务中的一部分进行合理取代；"组合"是将服务或系列进行合并；"改造"是引入新的想法和元素；"修改"是提升或改变原有的内容属性；"改变用途"是扩大目标，增加用途；"去除"是为产品和方案做减法；"逆向操作或重新安排"是对产品和方案的基础属性进行颠覆。当人们思路受挫、创造力缺失时，可以借由这七个关键词切入具体的问题，通过假设提出解决方案，产生新的创意和想法。

总之，奔驰法是人们拓宽解决问题的思路的检查列表，帮助人们尝试重新思考问题，打开思路。

第 4 章

意志：达到理想状态

掌握主动权

非盲目接受

自觉性属于意志品质，是实现目标任务的前提。自觉性是指个体自愿地、主动地追求目标任务的心理状态。如果将复杂行为与目标指向联系起来，自觉性无疑是约束行为发散的重要意志能力。它保证了随意行为在初始状态下的统一，将漫无目的、无规律的运动整合疏导，指向最终的行为目标。

自觉性有助于人的行为自始至终地朝着预先设置的目标前行。自觉性越强，行为约束力就越大。与自制性不同的是，自觉性强调行为的开始阶段，保证了对个体的正确认识和规划的执行。如果将个人行为与最终目标比作赛道，那么自觉性就是赛道两边的白线，在起步阶段，个人行为需要遵循规则，将力量集中于赛道之内。

在职场中，自觉性意味着觉察，把能量集中于当前任务，达到足够的速度和准确度，同时在想放弃的时候需要坚持下去。随波逐流的工作者往往没有认真思考过自己的人生道路，没有明确的目标。他们一旦面临高压力、高疲劳的工作环境，便会犹豫不决，陷入迷茫。

小刘大学刚毕业，在一家传媒公司负责品牌设计，每天的工作内容根据实际任务进行分配。工作期间，他经常在同事提醒或是看到领导消息后，才想起主动询问工作进度。由于自觉性较差，每天结束阶段性工作后，他都无法主动继续下一阶段的工作。遇到工作难题，犹豫不决的时候，小刘总是选择拖延，等待别人来解决问题。同事和领导对他颇有微词，因为公司特性，每天每人的工作量不等，需要更为主动的工作态度。

小刘的自觉性问题分为两方面：一是对工作的畏难情绪，二是对工作没有明显的目标感。作为新员工，他遇到问题时，会不由自主地产生抗拒、畏难情绪。小刘需要正视内心，例如通过假设最坏情况的发生，避免因不自信而产生问题。缺失目标是常见的自觉性问题，在行为指向目标的过程中，如果终点缺失，人会不由自主地遭遇自觉性危机。对于职场新人，缺失目标极为常见。小刘可以尝试合理划分每天的工作，将其模块化以提高积极性。另外，明确个人职业目标也是提高自觉性的有效方法。

在过劳状态下，人们的自觉性问题会进一步加重。李先生是家装板材公司的销售代表。他在营销岗位上工作了七年，积累了不少人脉。然而，随着事业逐渐扩大，加班时间越来越多，工作侵占了李先生的休息时间，他需要 24 小时保持手机畅通，时刻精神紧绷，以免遗漏关键的客户信息。久而久之，李先生整个人显得疲惫不堪，自我效能感不断降低。最后，他逐渐失去了一开始的进取心，几乎很少开拓新客户，也不关心市场变化，只想凭借着老客户获取提成。

李先生的自觉性问题源于过度劳累后的疲乏感。工作压力带来的身体、精神问题影响了他对事业的自觉性。针对这种情况，可以通过外部力量调动其工作积极性。协同合作是一种有效的方法，李先生可以与优秀的销售代表共同合作，开拓业务。当对方不停签单、打开市场时，李先生会从中感到压力，从而推动工作的开展。当然，合理安排工作、提高休息质量是解决过劳问题的基础。

在实现目标的整个过程中，盲目接受工作会影响效率，自觉则确保了方向的正确性。而应对普遍过劳情况下的自觉性缺失问题，需要从目标、计划、激励三个层面出发来解决。

目标分为短期目标和长期目标。短期目标指阶段性工作内的个人期望，例如每日的工作任务量、每周项目进度等。通过制定短期目标，过劳者可以更好地实现自觉性工作。长期目标则是长时间跨度内的个人目标,如年度目标、职业目标等长远目标。长期目标是保证自觉性的关键,它有助于过劳者区分主次,避免因为冗余的行为减弱工作积极性。

值得注意的是,目标的设定需要与当前的个人能力相匹配。如果自身的实际能力不足,可能会引发消极的心理情绪,过劳压力也会破坏自觉性的形成。因此,无论是短期目标还是长期目标,都需要考虑个人的实际能力。目标是大海中的锚点,它指引、推动着人们前行。同时,目标为个人提供了工作动力和激情,唤醒了自觉性。

计划是一整套更为具体的行为规划,在设立合适的目标后,需要对其进行探索、分解,从而制定详细的步骤。在探索阶段,人们需要结合实际的工作情况,制定适应性的任务目标。在分解阶段,人们需要将复杂的工作计划拆分合并,根据属性、时间对其进行归类。计划对于自觉性的提升是潜移默化的。实际上,设定目标、制订计划的过程就是培育积极性的过程。

激励是调动自觉性的重要方式,它包括奖励和惩罚。从个人角度出发,正面激励可以提高工作积极性,缓解过劳带来的消极感。例如,个人在设立阶段性目标时,可以规定时限,如果顺利完成,可以对自己进行物质奖励。另外,惩罚也是激励步骤中不可忽略的一环。惩罚有助于提高个人自觉性,约束自我行为。

自知、自觉的根本目的在于对行为的约束。在实现目标的过程中，压力、疲劳、质疑、冷淡、厌倦、懒散等是过劳环境中的拦路石。提高自觉性可以减少此类问题对行为的干扰。特别是在行动计划的开始阶段，调动自觉性意味着挖掘个体信念意志中的基础能量，平衡自我效能感与利己心理之间的矛盾。

抑制失控的自我

在意志品质中，自觉性和自制性是两种相互关联、密不可分的个人品质。它们是两种比较接近的意志品质，其目的相同，但侧重点存在较大差异。自觉性强调行为开始时的自我约束，自制性则关注行为发生过程中的自我约束。自觉性着重于"自觉去做"，自制性则着重于"自我控制不去做"。

在职场工作中，自制性的作用表现为在工作执行过程中，人不受外界诱因的影响，或者是具备排除干扰，通过自我克制、约束、管理，从而完成工作目标的特质。因此，自制性在具体的工作过程中更为关键，自觉性强的人可能存在自制性较差的情况，也就是能明确工作目标，知道如何去做，并有具体的计划，但容易受到外界因素的影响，迟迟无法完成目标。

值得注意的是，在过度疲劳的状态下，人更容易缺失自制性。加班、熬夜、高强度伏案工作在不断拉长工作时间的同时，也为整个过程创造了更多未知的外界诱因，比如在本该休息的时间进行工作，周围环境带来的影响，如朋友的沟通请求、家人的叮嘱等会干扰整个工作过程。自制性差的人会更容易受这些外界诱因的影响。

过劳还打乱了工作与休息之间的界限，不利于自制性的形成。人的自制性是在一次次成功的行为过程中建立的。每一次排除干扰，顺利完成工作任务的经历都会提高自我信心，自制性也因此被不断强化。过度工作会降低人们的工作信心，打断培育自制性的过程。

过劳现象带来的心理变化削弱着人们的自我约束力，以至于无法有效地调节自己的言行，不能控制自己的情绪，行为常常为情绪所支配。通过强化意志自制性，人们可以减少过劳工作带来的影响。自制性强化的原则分为三点：自我认知、设定规则、寻找支撑。

自我认知是缓解过劳问题及提高工作自制性的前提。首先，你需要明确的是，意志品质并非天生的。事实上，人类的意志力普遍都较为薄弱，更没有天生意志力强的人。所以对于因过劳而自制性差的人，需要承认自己的软弱和不堪一击。任何人都存在半途而废、浪费精力的情况。

蒂姆·厄班（Tim Urban）的一场TED演讲深入剖析了拖延症人群的内心世界，他刻画出了具体的形象。当我们工作、按照计划完成目标时，大脑中有两种形象：一个是理性的决策者，负责规划行为，将其导向预期的结果；另一个形象是只猴子，它只关注当下的愉悦和快乐，总是在决策者工作时出来捣乱。

演讲中的形象构建有助于自我认知，理性决策者更像是自觉性的产物，他制订计划，朝着目标前进；"猴子"是外界诱因，如刷微信、看小视频、刷微博等拖延工作的行为。在现代社会科技发展的前提下，自制性的培育工作任重而道远。尤其是在人们过度疲劳时，抑制"失控的猴子"需要人们更强大的认知。

设定规则包括了几项具体的措施。自我认知协助人们了解自己的自制性，而大脑中的"猴子"则需要规则的束缚。第一项规则是找到影响自制性的因素。在正常的职场环境中，团队氛围通常能帮助人们更好地完成工作，但在过劳情况下，环境则成为影响个人自制力的消极因素。你需要识别它们，例如过于疲惫而开始使用手机、工作过多时总是想玩游戏、周末加班时却总是想睡觉等。

这些因素是导致自制性变差的直接原因，但它们往往源于不可更改的事实，即过劳工作的根本需求。你也许无法改变加班的事实，但你可以尝试采用其他积极的方法去应对。因此，第二项规则是寻找替代方法，如感到疲倦时选择小憩一会儿，而不是通过玩手机放松；工作量大时，可以尝试喝一杯饮料放松自己；周末加班时可以提醒自己完成工作后再休息。

第三项规则是培养自制性的环境。在过劳的情况下，工作效率相对降低，对手机、游戏等娱乐工具缺乏限制。特别是周末加班时，人们在厌倦工作的同时还需要面对各种诱因。因此，可以选择在无干扰的书房里工作。自制性规则是为了增强对"猴子"的约束，超强的自制力并非消除了它，而是在"猴子"掌控大脑的时候，通过建立规则诱导它遵从理性。

除了自我设定规则之外，你还需要在外部寻找支撑。例如，手机作为干扰源出现在工作过程中，你需要借助外部力量切断自己和干扰源之间的联系。

第一种方法是请同事、朋友或家人对自己进行监督。在长时间工作时，人会不可避免地陷入倦怠，缓解疲劳的正确方法是合理地休息和放松，而不是刷手机、玩游戏。当出现消极的解压方式时，外部力量可以作为提醒出现在自制环节。

第二种方法是精力控制。例如某人在过劳状态下，总是忍不住玩手机。为了防止手机影响工作，同时为了尽早结束过劳工作，可以尝试对手机进行时段设置，在工作时开启管理密码，密码掌握在家人、朋友手上，只有在完成工作后，才能正常使用手机。这种负反馈力量也有助于精力控制。

在现代社会中，过劳甚至已经成为常态，我们会将工作延伸到生活、家庭，周期不断扩大，项目也不断延期。在疲于工作的同时，又表现出了缺乏自制性的问题。自制性是人的意志附加于行为产生的品质。它与自觉性一起调控因过劳导致的意志问题。相比正常工作，过劳情况更容易导致自制性变差。如何支配自己的行为，排除外界因素的影响，使行为服从于目的，是提升自制性意志品质的核心。

生命力源于执行力

过劳者往往会出现工作效率低、工作时易出错、工作无法完成或完成的结果不如预期等情况，其根源在于执行力的缺失。

执行力是完成既定目标的操作能力，包括三个层面：制定目标、完成任务的能力和完成任务的程度。而执行力强调按时按质按量完成任务。

执行力是核心竞争力，决定了一个人的业绩与前途。执行力强的人在遇到挑战、处理事情时往往不慌不忙，更容易抓住机遇，从激烈的竞争中脱颖而出，执行力差的人则往往会被淘汰。

一个人的执行力受其意愿、能力及所处环境的影响。从这三方面出发，执行任务有四条须遵循的原则。

第一，找到执行的方向。制定目标是执行的前提，能够指导如何执行。制定目标时可以使用美国管理学家彼得·德鲁克在其著作《管理的实践》（*The Practice of Management*）中提出的 SMART 原则，即要求制定的目标必须是具体的（specific）、可以衡量的（measurable）、可以达到的（attainable）、与其他目标具有相关性的（relevant）以及具有明确的截止期限的（time-bound）。[①]这样制定出来的目标既明确了执行的方向，又降低了执行的难度。你可以根据目标制订具有明确实践规划的执行计划及日程表，安排好需要执行的任务。在制订执行计划和日程表时，你可以参考美国的管理学家史蒂芬·柯维（Stephen Covey）提出的四象限时间管理法，将要处理的事情按紧急性和重要性分为紧急且重要的事情、重要但不紧急的事情、不重要但紧急的事情和不重要不紧急的事情，依次处理，围绕重点任务来安排自己的时间和精力。执行计划和日程表能让你更好地掌握执行的情况，还能够作为复盘的工具，找出执行过程中遇到的问题及解决方式。

第二，从"我该做"到"我要做"，做喜欢做的事情。如果不喜欢需要做的事情，那就需要调节情绪，通过建立正向反馈机

---

① 彼得·德鲁克.管理的实践[J].酒·饮料技术装备,2007（4）:1.

制,在完成任务时给自己一些奖励的方式,让自己喜欢上它。人有好恶,大多数人更倾向于做喜欢做的事情。与被迫执行任务的人相比,喜欢当前所执行的任务的人往往有更强烈的执行意愿,在执行过程中更为积极,能够更好、更快地完成任务。

第三,让自己有做事的能力。一个人的能力分为认知能力和执行能力,而认知能力决定执行能力。对一件事情越了解,越能够更好地执行。越全面了解任务的特点,并根据自身情况进行分析,就越能够更好地判断这件事情该不该做、该怎么做。执行能力则依赖于执行人的能力水平和对细节的处理水平。提升执行能力,一方面要学习更多方法、技能,锻炼自己做事的能力。掌握的方法、技能越多,经验越丰富,在遇到问题时更游刃有余,更能果断决定。另一方面要关注细节。天下难事必作于易,天下大事必作于细。把细节做好了,事情就成功了一半。细节没做好,事情就很难成功。

第四,创造行动的环境。相较于无知的人,一个知识渊博的人往往更勇于尝试未知事物。进入未知领域、陌生环境时,人会犹豫不决,畏葸不前。扩大知识面,主动了解自己认知范围以外的事物,缩小自己的未知领域的范围,能够创造出熟悉的环境,使自己在执行时更自信、更果断。但未知的世界无穷无尽,我们需要终身学习,不断扩大自己的认知范围。单纯地做预案和程序清单，也能够把陌生环境转变为熟悉的环境。针对一个任务，提前预测可能面临的情况，并做好应对各种情况的预案，可以防止突发事件来临时的不知所措。针对重复性的、规律性的工作设计程序清单，能够让人在再次做这件事的时候照着清单"按部就班"，提高工作效率。

怎样才能让自己变得果断

执行任务时，需要拥有果断的意志，迅速而合理地做出决定并付诸行动。这意味着要能够准确判断行动的时机，当断则断，该出手时就出手。在需要立即行动时迅速做出判断，决定该如何做；在风云突变时，随机应变，果断做出是否需要做出改变的决定，并快速行动。

从事商务工作的小张最近工作非常不顺利。领导下达任务时，他反应迟钝，需要很长时间才能理解领导的意图。跟客户沟通时，他犹豫不决，迟迟无法做决定。小张很有可能是过劳了。

反应迟钝、决策力降低是一种过劳的信号。当人处于疲劳状态时，大脑神经细胞间传递的信息会出现缺失。这使得大脑跟身体之间出现沟通不良，大脑无法鉴别重要信息和无关信息，接收信息和给身体下发行动命令的速度变慢。于是在做决定时会犹豫不决，缺乏果断性。

缺乏果断性的人在认识问题时分不清轻重缓急，瞻前顾后，需要经过长时间的思想斗争才能做决定；在执行决定时满腹狐疑，怀疑自己做的决定会带来不良后果，经常反悔。缺乏果断性的原因在于：第一，对问题的本质缺乏清晰的认识；第二，性格软弱，缺乏自信，过于在意他人的看法；第三，很少独立面对问题，缺乏做决策的训练。

缺乏果断性会让人失去成功的机遇，果断能够让人抓住成功的机遇，避开危机，在遭遇突发事件或危险时冷静地做出决策，而不是慌张到无法行动或选择逃避。14世纪，外国侵略者准备炸毁比利时首都布鲁塞尔。男童小于连（Juliaant）看到正在燃烧的导火线时，没有因为可能出现的爆炸而惊吓哭泣，而是迅速判断出自己需要熄灭导火线，并快速地用尿将导火线浇湿。小于连的果断拯救了布鲁塞尔这座城市，使全城人逃过一劫。他也因此被比利时人民称为"布鲁塞尔第一市民"。

那么，如何让自己变得果断呢？

第一，持续学习。你对事物的了解程度决定了你的执行能力。只有充分认识事物，了解来龙去脉，明白不同抉择的利弊、轻重缓急，才能迅速做出准确决策。而持续学习能够让人了解更多的事物，对某一事物了解得更深入，同时能锻炼人的能力。当自己更强大，能做出更多有益的决策，有能力应对各种风险挑战时，就不会害怕自己做出错误的决策，带来不良后果。

第二，不追求完美。"成功学之父"拿破仑·希尔说："不要等到万事俱备以后才去做，永远没有绝对完美的事。如果要等所有条件都具备以后才去做，那就只能永远等待下去。"完美主义者总是想要做到事事完美，总是在担心自己做得还不够好。他们会因为害怕失败带来的挫败感而避免开始任务或拖延任务。要改善完美主义心态，首先要接受不完美的自己，做好迎接失败的心理准备，要知道人的精力都是有限的，无法做到事事完美，只能集中精力将最重要的任务做到最好；其次要聚焦结果，了解完成任务带来的益处，专注于目标的达成；最后要重视自己的情绪，关注自己内心的感受，而非迁就他人，被他人的意见束缚。

第三，保持头脑清醒。劳累时，大脑处理信息的能力下降，容易举棋不定，难以快速做出决策。此时可以深呼吸五次，增加大脑的氧气供应；吃两块饼干，提高血糖浓度；洗个热水澡，加快血液循环。这些方法都能够给大脑补充能量，让大脑得到休息，变得更清醒。

第四，独立思考，自己做决定。习惯于独立做决定的人，独立意识较强，做事有主见，遇事不慌。习惯于听从指挥做事的人，独立意识较弱，做事缺乏主见，容易慌张。当认识到自己缺乏主见时，要调整自己的心态，有意识地克服自己的自卑心理和对他人的依赖，相信自己能够达成结果，多尝试自己解决问题。

第五，马上行动，拒绝拖延。当面确定任务，若认为任务超出自己的能力，人会采取拖延的方式来逃避执行任务。拖延的时间越长，人就会对任务产生越多的恐惧。一直拖延，任务永远无法完成。先行动起来，任务才有完成的可能。

培养坚韧的意志

坚韧是一个人在遭遇身体及精神困难、压力，面对危险等阻碍任务完成的情况时，坚持完成任务的能力。它包含坚定、忍耐和勇气三个层面。

坚韧能够协助过劳者克服重重困难和障碍，达成既定目标。正如美国第32任总统富兰克林·罗斯福的妻子安娜·埃莉诺·罗斯福曾说的："每一次你停下脚步与恐惧对视，你都会收获自信、勇气和力量，这样你便可以告诉自己，我已经经历过这一切了，我有勇气面对下一个挑战。"一个坚韧的人要学会直面恐惧，从中收获自信、勇气和力量。伟大的人物之所以能够成就伟大的事业，秘诀便在于他们拥有坚韧的意志。

意志不够坚韧的人往往贪图享受，容易畏惧和懈怠，在遇到困难时退缩，不肯付出努力。他们终将在忙忙碌碌中归于平庸。坚韧的意志并非生而有之的品格，能够通过后天培养形成。

想要获得坚韧的意志，首先要目标明确。当个人对未来有着很高的期许，但目前还不能达到这种期许，又不得不为现实妥协，长时间重复枯燥的工作，处理成堆的新旧问题时，人就会进入疲劳阶段，做事情的热情就会下降，许多事情迫不得已才去做。这通常是因为目标不够明确。所以，你可以试着想象五年或十年后的自己，描述出自己的状态，以及自己是如何工作、生活的，描述得越细致越好。将描述写出来，思考如何达成这样的状态，并将其作为自己的目标。目标是动力的源泉，当你想要放弃的时候，想想这个目标，就能从中获取坚持下去的力量。根据目标制订执行计划，了解你将花费什么、需要放弃什么、面临哪些挑战、获得哪些奖励、需要做哪些事才能达成目标。每天复盘自己做过的事，哪些有助于实现目标，哪些于目标没有帮助。剔除行动中对目标没有帮助的事情。每周记录自己完成目标的进度，这会让你认识到自己目前掌握的技能，以及这些技能有哪些不足的地方，从而更有信心达成目标。远大的理想能够激发你对生活的热情，让你对自己的评价更高，行动更积极。

可以通过提升幸福感的方式培养坚韧的意志。幸福感能够提高人对痛苦、压力、疲劳的耐受力。当一个人的幸福感和满意度较低，遇到挫折、阻碍时，他就会被痛苦、压力、疲劳击败，失去工作热情，专注、努力及专业的程度降低，工作效率降低，工作出现失误，最终导致过劳。要提升幸福感，可以尝试实践

"积极心理学之父"马丁·塞利格曼（Martin Seligman）提出的幸福五要素——PERMA，即积极情绪（positive emotion）、投入（engagement）、人际关系（relationship）、意义（meaning）、成就（accomplishment）。

与坚韧的人为伍，能让人更加坚韧。人会被环境影响，正所谓"蓬生麻中，不扶而直"。当你身边的人都是坚韧的人时，你也会被同化成坚韧的人。当身边的人都在坚持，你也会拥有更多坚持下去的力量。如果现实中不方便找这样的人，你可以多看一些人物传记，为自己树立一个精神向导，了解他艰难的成长历程，以及他如何在艰难中坚持下来。当遇到挫折想要放弃的时候，想想你的精神向导，你就有勇气迎难而上，克服困难。

想要获得坚韧的意志，就要像一个坚韧的人那样做。一个坚韧的人在遇到问题时会如何思考、如何做、行事风格是怎么样的，你就如何做。久而久之，你就真的能够成为一个坚韧的人。一个坚韧的人往往也是一个有耐心的人，能够持久地做同一件事。做一些能让自己慢下来的事情，比如整理衣柜、练书法、看展览等，能培养耐心及坚韧的意志。

想要获得坚韧的意志，就要走出舒适区，在一次次失败中磨练自己。温室里的花朵经受不住风雨的打击，缩在舒适区里不敢冒险的人无法拥有坚韧的意志。走出舒适区，去面对那些令你感到困难的，有可能让你失败的事情。面对的时候，别问自己为什么要做，问问自己为什么不去做。同时，做好失败的准备。没有人能永远成功，我们必将经历失败。正如铁血宰相俾斯麦所言："失败是坚韧的最后考验。"只要失败后能够站起来继续前行，我们终将走向成功。

找到意志平衡点

提高自我承受力

过劳的职场人士有一个共同特点，就是心理压力巨大。除了日复一日地加班外，不规律的饮食也会摧毁职场人的身体，过重的心理压力会直接导致他们在工作中精疲力竭。他们只能利用仅剩的精力去应付手头的事务，无法再分出多余的精力去想一些好点子，让工作更轻松、成果更优秀。

他们的心理压力来源多种多样，即便有意识地追根溯源，也不可能将这些问题一一解决。强化协调意识是进行精力管理的有效方法。它能协助过劳者提高对压力的承受阈值，即提高他们的心理承受力，再通过转移、减少、异化压力，使生活和工作得以有效解压。

心理承受力被认为是个体在对抗逆境时，对相应的心理压力和负面情绪的承受和调节能力，包括适应力、容忍力、耐力与战胜力。这一系列力量的强弱决定着个体的心理承受力的强弱。

个体的心理承受力存在差异，每个人都拥有一定的心理承受力。根据巴甫洛夫的研究，人的大脑神经系统的耐受性强弱与兴奋和抑制之间的平衡性不同，简言之，就是有些人的心理承受力强，而有些人则心理承受力弱，无法承受更大的刺激。实际上这两种人都会出现过劳症状，提高他们的心理承受力也是相对而言的，并没有一个具体的标准。

人具有我向性，习惯以自己为标准衡量一件事物，如果不符合自己的预想，就会产生排斥的潜意识。当这种意识一再出现时，人的心理承受力就会在可承受与不可承受之间跳跃，人更容易出现心理崩溃，随即出现严重的社会不适应。这种不适应在常人眼中看来就是心理承受力弱的表现。

在这一理论基础上，职场人想要提高自己的心理承受力，就要学会接受非我向性的事物。当上级交给你一件从未经手的工作时，不要想当然地否定自己，而要慢慢接受自己存在不擅长的领域。久而久之，你对陌生事物的耐受力会日益增强，而这种变化在外人看来就是心理承受力更强了。

除了因自我暗示产生排斥的潜意识，进而导致心理承受力弱的现象外，外在的压力源也需要引起职场人的高度关注。相比人在自然逆境中感到无能为力，一些社会逆境似乎更加难以战胜。即便可以坦然面对自然逆境，心理承受力强的人也会被社会逆境击垮。

社会逆境的组成成分极其复杂，包括政治因素、道德因素、人际关系、风俗习惯等，职场人私下不愿谈论的混乱的职场关系只是社会逆境的一个缩影。这种逆境的发生无形地影响着职场人的心理与精力，时间一长，不少人就会因此变得麻木、冷漠。这些负面情绪就是心理承受力弱的表现。

提高对社会逆境的承受能力要从逆境强度和逆境积累度这两方面入手分析。

社会逆境对职场人的打击程度主要看逆境强度和逆境积累度。逆境强度即压力源对个人的打击程度，而逆境积累度则指累计次数。一旦这两者达到一定程度就会对职场人造成心理障碍。

因此，降低逆境强度和减少逆境积累度都可以达到变相增强心理承受力的目的。降低逆境强度不是指人为降低社会逆境带给个人的打击，这是难以完成的事。你所能做的是提高自己的心理承受力，让逆境对自己的打击程度最小化，这样也就达到了降低逆境强度的目的。而减少逆境积累度的方法则更直接，你可以根据自己的直观体验，选择是否继续做某件事，感觉精神紧张已近临界点时，及时制止自己再探索下去，给自己时间恢复精力，从而减少逆境积累度。

在有关研究中，四种气质的人在应对社会逆境时表现不一：抑郁质较脆弱，胆汁质的心理承受力也不强，黏液质和多血质的耐受性和心理承受力更强。既然人的气质难以在短期内改变，你就不可能为了增强心理承受力而直接改变自己的气质。

气质对逆境承受力的影响较大，如果你的心理承受力较弱，又和相同气质的同事或好友经常相处，就不利于提高心理承受力。相对地，如果胆汁质和抑郁质的职场人愿意主动与黏液质和多血质的人交往，就有利于增强自己应对社会逆境的能力。或许有些人会担心，自己主动靠近时别人会接受吗？这是胆汁质和抑郁质的人的想法，而多血质和黏液质的人比前两者更易接受他人的靠近。

人是社会性动物，离不开同一个社会圈层中其他人的支持和帮助。当你遭遇社会逆境时，同事、亲人、朋友几句鼓励的话会令你重拾信心，增强心理承受力。而当你受挫却被周围人漠视甚至嘲笑时，你会感到世态炎凉，此时你的心理承受力会变弱。所以，社会性支持是增强人们心理承受力的关联因素。如果一个人的社会性支持好,那么即便是较大的社会逆境,他也能凭借他人和自己给予的心理安慰渡过难关。如果一个人的社会支持性差,那么即便是很小的刺激,也容易给其造成心理困扰。

此外,当一个人的需求未得到满足时,他极易产生逆境心理;反之,当他对许多事情漠不关心的时候,逆境心理并不强烈。这也是心理承受力的锻炼过程。当职场人逐渐将自己的需求与理想、信念相结合,并处于需求逐渐提升的过程时,所产生的逆境心理也会变强,在时间积累下,其心理承受力也会更强。

同理,如果职场人的需求未被满足,也没有坚定的信念,产生逆境心理的概率就将大大降低。但正如一个硬币有正反两面,如果连逆境心理都不去激发,心理承受力又谈何增强呢?过劳者往往会丧失这种需求,导致理想、信念逐渐远去,心理承受力自然而然也就降低了。倘若能够重拾理想,在未来给自己树立一个坚定的奋斗目标,那么他在面对一个又一个逆境时,他的心理承受力也在不断经受磨炼,增强是迟早的事。

工作生活节奏法

精神意志是指引我们前行的力量,当我们遭遇陷阱和困难时,它会支撑着我们渡过难关。在众多的意志品质中,平衡力是联通生活和工作的桥梁,它强调一种和谐稳定的个人状态。在当下的职场环境中，过劳成为破坏平衡的祸源。它从身体和精神两个方面导致职场人的工作和生活逐渐失衡。

过度疲累是身体失衡的明显特征，这一点在长时间的工作中会有具体的体现。除此之外，疲惫的身体状态也会蔓延至生活，导致回到家后很难有效恢复精力。紧张焦虑是精神失衡的主要症状，在工作中常表现为心神不宁、恍惚迷离，对工作影响极大。回到生活中，精神失衡问题同样存在，不断瓦解和破坏着积极的日常生活。

在意志层面，精神失衡是过劳所造成的主要问题。因为很多时候，过劳情况并不是单纯地由大量的工作导致的，往往还包括过度的责任感、紧迫的环境压力和无效的个人控制等问题。这些精神问题不仅影响了职场工作，而且将失衡带入了生活。

夏女士是一个典型的理想主义者，作为报社的编辑，她在工作中尽心尽责，力求将每件事做到完美。为了圆满地完成日常工作，她经常加班加点地编写稿件，审查项目。每次编辑组收到领导交代下来的任务，她总是忍不住亲自编审，担心会出什么问题。

夏女士也很苦恼。由于长期加班，工作之外的空闲时间被占用，整个人都显得萎靡不振。但是每次遇到任务，她依旧无法放下工作，正常休息。夏女士几乎将所有的时间和精力都献给了工作，过于理想主义的性格带来了过度的责任感，也让她失去了平衡内心、缓解过劳的力量。

无独有偶，秦先生也因为过劳的工作环境而陷入了失衡状态。秦先生是一名家具设计公司的设计师，因为疫情，公司陷入混乱。起初是销售部门出现了纰漏，盲目承接高要求订单，而设计部门力有不逮，无法满足客户需求。后来因为疫情影响导致销售人员缺失，开发人员不得不直接面对客户，如同赶场救火一样处理杂乱的订单问题。

大部分设计人员身兼数职，压力不断积累，不少人因此离职。而压力又转移到剩下的设计师身上。秦先生经常感到身心俱疲，他每天不仅要负责和客户沟通，还要熬夜加班做设计。紧迫的环境与个人的能力相冲突，不仅给他带来了巨大的压力，还导致其工作和生活的失衡。

无效的个人控制也会破坏既有的平衡状态。钱先生今年35岁，未婚，是一家上市公司的中层管理人员。由于没有组建家庭，他选择用工作填满生活。公司员工数量庞大，事务繁多，钱先生在面对各种各样的突发状况时觉得精神压力很大。

购物成为钱先生缓解过劳、平衡压力的选择。偶尔空闲的时候,他会不由自主地购买一些奢侈品,网上购物同样不少。毫无节制地购物耗费了过多的薪资,但钱先生难以控制自己,只有通过盲目地购买东西,他才能缓解过度劳累带来的精神压力。

平衡意志不同于平衡身体素质,它意味着你需要从内部进行精力管理,协调工作和生活。精神与意志的平衡法有助于你适应高节奏、高竞争、高挑战的职场环境。

首先,目标控制法是保持精神平衡、维持健康状态的方法。在某些过劳案例中,一些人对自己的职业目标怀有过多的执念。如理想主义者夏女士,她无法控制自己对工作的关注。而目标控制法要求人们在合适的能力范围内制定目标,既不过低,也非难以企及。将工作量控制在过劳程度之下,防止因过量的工作破坏精神平衡,影响生活。

其次,疏导法是排解压力的正确方法。疏导法提倡合理、健康的压力释放手段,如运动、沟通等常规方式,还包括暂时逃避、理性接受等心理疗法。对钱先生而言,购物实际上是一种合理的缓解压力的方式,但是过度购物不仅会使经济情况变糟,也会不断提高疏导的阈值,不利于长期压力的释放和精神的有效平衡。

最后,精神专注法是排除环境影响、重获平衡的方法。它要求过劳者在复杂的职场环境中只关注当前的一件事,拒绝多头处理工作。精神专注法是一种平衡训练法,不仅保证了工作的有效完成度,而且减轻了过劳带来的压力对生活的影响。在秦先生的事例中,他因为公司糟糕的职场环境而苦恼,通过精神专注法,他只需要关注自己的工作,在不受影响的大前提下,对其他部门的工作给予支持即可。

失衡往往源于过劳导致的工作压力。心理承受力是接受、缓解压力的意志品质,而平衡力是控制、调节压力的意志品质。身体是保证精神健康的前提,精神则是身体健康的保障。过劳带来的消极影响不仅体现在身体上,还体现在精神意志上。

因此,当压力超出一定限度时,就需要你进行主动调控,平衡工作和生活。平衡工作和生活的关键是把握两者的节奏。你需要找到快与慢的平衡点,探索出自己的节奏。在快节奏中完成工作,在慢节奏中享受生活,正是寻找平衡点的目的。

动力源泉即内在

有兴趣就马上开始

长时间重复枯燥的工作、处理成堆的问题,会对人的身心造成难以估量的损伤，使人出现持续的情绪低沉、无力感或焦虑感。当你失去工作热情时，最需要做的是重燃激情，解决过劳心理危机。

因为过劳，郑女士在部门重组后对自己的工作失去了热情。部门重组前，虽然郑女士做着自己不喜欢的工作，但她仍然有着坚定的目标，对未来有清晰的规划，每天读书、学习，对生活充满热情。但部门重组后，同事之间勾心斗角的人际关系、领导层变动带来的动荡，以及让人失望的薪酬，消磨了她的工作热情。她开始变得颓废，得过且过，对自己的现状感到焦虑、不满，却无力挣脱。

郑女士的劳累来自需要克服改变的环境及流程所带来的新挑战，承担了更多的工作却没有得到相应的补偿，以及与同事之间的人际压力。这是工作变动、长期从事自己不喜欢的工作引起的"心理疲惫"。

心理疲惫是由工作不顺利或长期从事单调、厌烦的工作引起的精神紧张，通常表现为体力不支、注意力不集中、情绪低落，遇事容易厌烦，产生逃避心理。心理疲惫会影响人们的学习与工作效率和人际关系，还会影响人们的心理健康，使人们丧失对生活的热爱，严重的还会导致抑郁症、神经衰弱，引发强迫行为，影响身体健康。要想走出心理疲惫，需要遵循以下六个步骤。

第一步，接受自己的负面情绪。当你内心感到痛苦、压抑的时候，不必假装自己很好，掩饰自己的真实情绪；也不必给自己戴上一个微笑的面具，强颜欢笑。警惕"微笑抑郁症"，急于证明自己是积极的、热情的，反而会给自己带来更大的压力，消耗自己的心灵能量。人不可能永远完美、永远成功，总要经历低谷期。当处于低谷时，要接受自己的脆弱，接受自己的沮丧和失望。你可以脆弱，可以沮丧，可以失望，但不要沉溺其中。要转变心态，从积极的角度考虑问题。凡事都有解决的办法，你总能够改变一些事情。如果处在低谷，别想着低谷的阴霾，试着去想想自己之后的每一步都是在前进，每一步都是收获。保持耐心，不要急于求成，你只是需要一点时间走出低谷。

第二步，按下暂停键，给自己一点时间和空间。给自己一点放空的时间。例如，每天用五分钟时间发呆，放空自己，舒缓工作、生活带来的压力。在高压状态下，人体会进行自我保护和调试，发呆就是一种自我保护和调试的反应。在发呆的时候，人脑意识活动减弱，虽然仍保持清醒，却能够放松下来，缓解高压对精神的伤害。发呆能减少信息摄入。无论是与人对话交谈，还是写文章倾诉，又或者是阅读，都是一种信息摄入。你的大脑仍处于忙碌状态，仍然会消耗你的心灵能量。

给自己一点放空的空间。可以在工作、生活之外培养一点兴趣爱好，比如健身、跳舞、画画、到书店看书，或者亲近大自然，到植物园、公园、树林中走一走。这是一个独立的空间，人能从中汲取力量，恢复自我，也能在其中释放、消化自己的负面情绪，避免负面情绪伤害自己。

第三步，立即行动。你想到什么，对什么感兴趣，就立即行动，不要考虑太多。行动起来能够改变人的心理状态，让人从自怨自艾的负面情绪中走出来。抬头挺胸走路、整理房间、练字、做饭都能让人更加积极。从开始到任务的进程一直在推进，再到完成任务，能恢复你对自身的掌控感。遇到喜欢的事情马上去做，做了之后给自己一点奖励，你就会更有动力，也会更喜欢这件事，热情也就能够得以持续，从而形成一个积极的正向循环。

第四步，更新你体内的能量。去做一些体力活动，去流汗，然后适度进食，完成体内能量的更新。人体需要进行新陈代谢，释放旧有的能量，吸收新的能量，将身体里不需要的物质排出，减轻身体的负担。心灵依赖于身体，当你身体的负担减轻了，心灵也会更为轻松。

第五步，学会断舍离，用"二八法则"分配你的热情。放弃一些对你而言没有那么重要的事情，将注意力与精力集中在对你而言最重要的事情上。你需要了解自己内心最渴望的是什么，对你而言最有价值的是什么，并竭尽全力去完成。而那些不那么重要的任务，你可以选择放弃。人的精力是有限的，人的热情也是有限的，过多的欲望对人是一种消耗。放弃那些不那么重要的事情，你才能将更多的热情集中在最重要的事情上。二八法则对于心灵能量同样有效。

第六步，重新审视自己的工作。当你对工作产生厌倦的时候，想想当初自己为什么要选择这份工作，这份工作带给你的新鲜感和快乐是什么。确认自己是否还认可这份工作，以及是否打算终生干下去。如果是，请坚定自己的信心与热爱，然后不断深入学习，深耕该领域，让自己成为行业顶尖的人才，最后在事业上寻求突破，找到这个行业发展的新方向和更多的可能性。如果经过确认，你确实不喜欢这份工作，那么请及时转行，发掘自己内心真正渴望、热爱的事业。"朝闻道，夕死可矣"，人生什么时候调转方向都来得及。找到自己的真正所爱，它将会使你找到人生价值所在。为之奋斗，你会更有激情和动力。找到自己热爱的事业后，重新调整自己的人生规划，并设立好奋斗的目标。目标分为短期目标和长期目标。短期目标以三个月或半年为宜，更易于实现，让你更有奋斗的动力。长期目标则需将目光放长远，看到未来五年、十年、十五年……甚至到自己退休以后的老年，到那时，自己将在这个领域取得何种成就，就会过上何种水平的生活。你的目标越清晰，对未来生活的想象越美好，你就越能够从中获得更多的动力。

正念：自我肯定

如何实现自我价值是人类永恒的话题之一。通过自身的实践活动，不断创造物质财富和精神财富，对自我、他人乃至整个社会做出贡献。从幼年开始，我们便从父母、家人、老师身上获取肯定，建立价值感；到成年后参加工作，我们的价值需求对象转换为朋友、同事、领导，并寄希望于职业领域。

然而，在现代职场中，工作占据了我们的大部分时间，却无法给我们带来足够的自我价值感。人一旦丧失价值感，就会觉得工作是无意义的，会将这种矛盾转移到生活中，致使其坚韧的意志被瓦解，价值观陷入混乱。在丧失价值感的同时，人会开始自我否定，不知不觉地忽略身边的人和事，直到逐渐陷入崩溃。

过劳者在职场环境中扮演的角色决定了他们实现自我价值的方法。尽管苦恼于长期加班，受制于高强度的工作，但很多人依旧无可奈何。彭先生是一家创业公司的副总经理，他几乎将所有精力都投入到了工作中。他每天 7 点起床，边洗漱边查看工作邮箱，来到公司后，又马不停蹄地对接项目、分配任务、解决问题。

仓促地吃过午饭后，彭先生提前开始了电话会议，因为下午 3 点后，他又必须赶往其他公司洽谈业务。晚 6 点回到公司，他还需要查看同事的工作进度。业务繁忙时，彭先生还需要经常出差，只能见缝插针地寻找与公司项目的对接时间。从某种程度上来说，彭先生努力与否，决定了这家公司的营收情况。

马不停蹄是彭先生实现自我价值过程中的真实写照。然而，过劳也成为他不得不面对的问题。尽管身心疲惫，但他内心的价值感仍然驱动着他，公司的同事、下属也催促着他不敢停歇，而过度的自我驱动正在蚕食彭先生的价值感。他相信热爱工作是正确的，但过劳问题在不断消磨、破坏其内心的自我价值感。

魏女士的生活同样是以工作为核心。作为职业编剧，她在快节奏的行业生活中迅速成长起来。工作第一年，她大部分工作日都主动在公司加班，有时回家后还会继续工作，在书房写稿至深夜。节假日期间，魏女士的丈夫总是会与她商量一起外出旅行，但她每次都临时决定加班，放弃行程。

魏女士善于利用碎片化时间，在坐地铁时演讲；吃饭时目不转睛地阅读优秀的题材；周末也从不休息，辗转于各大展会，与同行交流撰写技巧。付出最终迎来了回报，她的工作受到了领导的认可，不少作品还获得了业界的高度赞誉。魏女士实现自我价值的过程是富有激情的，全身心地投入工作使她功成名就。

然而，当她回顾一路艰辛时却发现生活和家庭出现了问题。长期的工作压力导致她经常感到心悸、易怒，甚至内分泌失调。医生建议她降低工作强度，提高休息质量。专注于工作使她忽略了家庭，丈夫已经适应她每天熬夜加班的生活节奏，很长一段时间都没有提出旅行的想法。她发现工作带来的自我价值感正在逐渐瓦解，高强度、长时间的埋头苦干导致她忽略了家人，忽略了生活。

过劳者普遍面临的问题之一便是个人价值感的缺失。过度劳累带来的不仅仅是身体的消极变化，同样影响自我价值的实现过程。正念则是一种帮助过劳者缓解工作压力、唤醒自我价值的方法。

正念是一种心理学技巧，源于佛教禅修。对正念最普遍的解释是有目的、有意识地觉察当下，并不做任何判断，对任何反应都全盘接受。正念发展至今，已经衍生出各种各样的现代心理疗法，如正念瑜伽、正念冥想、正念太极，等等。这些正念疗法以"正念"为核心，为现代高压力过劳人群提供了丰富的解决方案。实际上，正念疗法并不拘泥于具体的形式，对于工作强度较高的人来说，任何地点、任何时间都可以进行正念训练。当然，初学者需要通过长久的练习才能掌握正念。

一般而言，初学者可以先尝试在家里进行正念冥想，前置准备包括一个静谧舒适的环境，以及一段合适的背景音乐。正念冥想强调静态的训练，坐或躺皆可。首先，初学者需要闭上眼睛，将注意力集中于当下。可以尝试身体扫描法，即从头到脚对身体部位进行感知扫描。它的目的是将自己视为可观察的对象，进行深层次的察觉。除身体扫描法外，关注自己的呼吸节奏有同样的效果。对于初学者而言，注意力转移是正常情况，无论脑海中出现任何想法都不用惊慌失措，只需将注意力转回观察点即可。

总的来说，正念冥想是较为简单的缓解压力、重拾价值感的心理疗法之一。当你度过初学阶段后，可以尝试更多不同的正念形式，还可以在不同的地点进行冥想。同时，冥想也不再是完成正念训练的唯一途径，瑜伽、慢跑等运动同样有利于心理治疗，它们同样具备充当觉察对象的功能。

呼吸、运动这些常见的"当下"行为是正念训练的锚点。在过劳环境中，人们疲于奔命、意志消沉，在工作的重压之下自我价值感被削弱了。千头万绪充斥着过劳者的大脑，太多的想法需要呈现，无数的项目需要跟进，永无止境的工作任务需要执行。

关注当下是唤醒自我价值的方式，正念训练可以将纷繁杂乱的想法排空，用单一的锚点集中意志，并不做判断，全盘接受。

过劳者可以尝试将正念融入生活，躺睡、静坐、站立、运动都可以成为正念训练的方式。过劳者通过约束天马行空的想法，可以获取自我肯定。正念的意义不在于仪式，而是对内在价值的探索。

后 记

1969年，日本当时最大的报业公司航运部的一名29岁已婚男员工中风死亡。据报道，此人是因轮班工作和工作负荷增加而猝死。此次报道让"过劳死"概念走入大众视野。自那以后，过劳死的案例都被相对完整地记录了下来。

进入20世纪70年代，日本又陆续发生了多起过劳者中风和因心脏病猝死的案例。从那时起，日本人就开始使用"过劳死"这个词了。1982年，三位日本医生出版了一本名叫《过劳死》的书，扩大了该词的影响和应用范围。"过劳死"一词也因此正式进入公众视野。

20世纪80年代，经济全球化趋势愈发明显，过劳死的概念也从日本蔓延至全球。当时，日本境内过劳死的人数与日俱增。为了解决过劳的问题，日本的一些律师和医生自发地设立了"过劳死热线"，他们希望通过这种方式为那些寻求过劳咨询的人提供帮助。2002年，"过劳死"一词被纳入牛津英语词典，开始向全球传播。

在现代社会背景下，过劳变得越来越普遍化，其中一些因过劳而死的例子引起了公众的思考。这也让很多国家对过劳概念愈发了解，包括成立了相关过劳问题的研究会，开始陆续推出关于过劳的预防措施和政策。2019年5月，世界卫生组织将"过劳"列入《国际疾病分类》，并于2022年生效，这标志着过劳概念的疾病化。

自1969年第一例过劳死的案例被日本媒体报道，到2022年"过劳"被列入《国际疾病分类》，过劳现象已经逐渐演变为现代职场环境中的普遍痛症。它特指在职业环境下，人由于工作时间过长、劳动强度过大而导致的身体亚健康状态。目前已知的医学研究表明，过劳最大的隐患是急速恶化身体潜藏的病症，甚至会危及生命。

追溯过劳现象的发展历程，从社会、经济的大背景出发，过劳无疑是具有全球化特征的。例如日本的过劳发源，是由当时的经济情况和本身的文化因素所致。而全球化进一步加速了过劳问题的演化，并造成了各个国家独特的过劳现象。

在全球化的影响下，我国的过劳现象展现出了独有的特征（例如"996""加班文化"等过劳现象）。作为"世界工厂"，我国的过劳现象又进一步影响了世界。更为重要的是，在我国，过劳问题不仅仅存在于某个单一职业，而是自下而上地存在于各个职业类型中。

如何识别、缓解过劳，是现代职场工作者需要深思的问题。而现阶段解决过劳的方法，或者说解决类似问题的渠道，大部分是从时间管理出发。

但实际上，时间管理具有一定的局限性。

时间是一种恒定资源，每天 24 小时是固定的、不可更改的。大多数的时间管理法只是在协助使用者分配固定的时间资源。例如广为人知的番茄时间管理法，它以 30 分钟为一个番茄时间，包括 25 分钟的工作时间和 5 分钟的休息时间。每四个番茄时间休息 15~30 分钟，循环往复，从而达到合理分配时间的目的。

时间管理法要求我们在规定的时间内完成工作，它分配了资源，制订了计划，却无法提升效率。因为人的工作需要精力作支撑。时间管理的潜在条件是人的精力处于正向的、积极的状态下，然而对于职场环境中的过劳人群而言，精疲力竭是最为普遍的特征。在精力不济时，自然无法执行时间管理方法。

因此，精力管理是一种更加高效的、实际的方法。它革新性地放弃了整体时间规划的框架，将目光集中于精力根源的管理，通过增加总的精力储备或提高精力质量来提高工作效能。同样地，对忙于工作的过劳人群来说，精力管理具有更优的实操性，它不会被固定的时间规划所限制。

北京阅想时代文化发展有限责任公司为中国人民大学出版社有限公司下属的商业新知事业部,致力于经管类优秀出版物(外版书为主)的策划及出版,主要涉及经济管理、金融、投资理财、心理学、成功励志、生活等出版领域,下设"阅想·商业""阅想·财富""阅想·新知""阅想·心理""阅想·生活"以及"阅想·人文"等多条产品线,致力于为国内商业人士提供涵盖先进、前沿的管理理念和思想的专业类图书和趋势类图书,同时也为满足商业人士的内心诉求,打造一系列提倡心理和生活健康的心理学图书和生活管理类图书。

《倦怠心理学:为什么你什么都不想做,什么都不愿想》

- 倦怠感正在以不同的方式影响着我们职场生涯的发展和生活幸福感。本书给出了消除倦怠、提升人生满意度和工作效率的硬核方法。
- 本书提出了预防和消除倦怠的浴缸模型和感知模型,以及实操性极强的策略与技巧,如膳食合理的4条准则、改善睡眠的3条建议、保持水分平衡的4则技巧、缓解压力的5条应对策略、压力管理的3个技巧等。

《摆脱精神内耗:为什么我们总被内疚、自责和负罪感支配》

- 习惯性内疚是一种无谓的精神内耗,只有摆脱它,我们才能放下沉重的精神负担,好好爱自己、爱他人。有时内疚是积极的,它会促使我们弥补错误,成为有责任和担当的人。
- 资深生活教练的倾心之作,提出摆脱精神内耗行之有效的剥离流程,帮助我们对内疚的事情进行剖析,找出内疚的深层次原因。
- 改变自己的内疚思维模式,从根本上摆脱内疚感,解放自我,重新掌控生活的方向。